MARCO POLO

JAMAIKA

Reisen mit
Insider-Tips
Diese Tips sind die ganz speziellen Empfehlungen unserer Autoren. Sie sind im Text gelb unterlegt.

Fünf Symbole sollen Ihnen die Orientierung in diesem Führer erleichtern:

★ *für Marco Polo Tips – die besten in jeder Kategorie*

für alle Objekte, bei denen Sie auch eine schöne Aussicht haben

für Plätze, wo Sie bestimmt viele Einheimische treffen

für Treffpunkte für junge Leute

(106/A1)
Seitenzahlen und Koordinaten für den Reiseatlas

Diesen Führer schrieb die Reisejournalistin Uschi Wetzels. Sie kennt die Karibik von verschiedenen, längeren Studienaufenthalten.

Die Marco Polo Reihe wird herausgegeben von Ferdinand Ranft.

Die aktuellsten Insider-Tips finden Sie im Internet unter http://www.marco-polo.de

MAIRS GEOGRAPHISCHER VERLAG

MARCO POLO

Für Ihre nächste Reise gibt es folgende Titel dieser Reihe:

Ägypten • Alaska • Algarve • Allgäu • Amrum/Föhr • Amsterdam • Andalusien • Antarktis • Argentinien/Buenos Aires • Athen • Australien • Azoren • Bahamas • Bali/Lombok • Baltikum • Bangkok • Barbados • Barcelona • Bayerischer Wald • Berlin • Berner Oberland • Bodensee • Bornholm • Brasilien/Rio • Bretagne • Brüssel • Budapest • Bulgarien • Burgenland • Burgund • Capri • Chalkidiki • Chiemgau/Berchtesgaden • China • Costa Blanca • Costa Brava • Costa del Sol/Granada • Costa Rica • Côte d'Azur • Dalmatinische Küste • Dänemark • Disneyland Paris • Dolomiten • Dominikanische Republik • Dresden • Dubai/Emirate/Oman • Düsseldorf • Ecuador/Galapagos • Eifel • Elba • Elsaß • England • Erzgebirge/Vogtland • Feuerland/Patagonien • Finnland • Flandern • Florenz • Florida • Franken • Frankfurt • Frankreich • Französische Atlantikküste • Fuerteventura • Galicien/Nordwest-Spanien • Gardasee • Golf von Neapel • Gran Canaria • Griechenland • Griechische Inseln/Ägäis • Hamburg • Harz • Hawaii • Heidelberg • Holland • Holländische Küste • Hongkong • Ibiza/Formentera • Indien • Ionische Inseln • Irland • Ischia • Island • Israel • Istanbul • Istrien • Italien • Italien Nord • Italien Süd • Ital. Adria • Ital. Riviera • Jamaika • Japan • Java/Sumatra • Jemen • Jerusalem • Jordanien • Kalifornien • Kanada • Kanada Ost • Kanada West • Kanalinseln • Karibik I • Karibik II • Kärnten • Kenia • Köln • Königsberg/Ostpreußen Nord • Kopenhagen • Korsika • Kos • Kreta • Krim/Schwarzmeerküste • Kuba • Languedoc-Roussillon • Lanzarote • La Palma • Leipzig • Libanon • Lissabon • Lofoten • Loire-Tal • London • Lüneburger Heide • Luxemburg • Macau • Madagaskar • Madeira • Madrid • Mailand/Lombardei • Malaysia • Malediven • Mallorca • Malta • Mark Brandenburg • Marokko • Masurische Seen • Mauritius • Mecklenburger Seenplatte • Menorca • Mexiko • Mosel • Moskau • München • Namibia • Nepal • Neuseeland • New York • Nordseeküste: Schleswig-Holstein • Normandie • Norwegen • Oberbayern • Oberitalienische Seen • Oberschwaben • Österreich • Ostfriesische Inseln • Ostseeküste: Mecklenburg-Vorpommern • Ostseeküste: Schleswig-Holstein • Paris • Peking • Peloponnes • Pfalz • Philippinen • Piemont/Turin • Polen • Portugal • Potsdam • Prag • Provence • Rhodos • Riesengebirge • Rocky Mountains • Rom • Rügen • Rumänien • Rußland • Salzburg/Salzkammergut • Samos • San Francisco • Sardinien • Schottland • Schwarzwald • Schweden • Schweiz • Seychellen • Singapur • Sizilien • Slowakei • Spanien • Spreewald/Lausitz • Sri Lanka • Steiermark • Sankt Petersburg • Südafrika • Südamerika • Südengland • Südkorea • Südsee • Südtirol • Sylt • Syrien • Taiwan • Teneriffa • Tessin • Thailand • Thüringen • Tirol • Tokio • Toskana • Tschechien • Tunesien • Türkei • Türkische Mittelmeerküste • Umbrien • Ungarn • USA • USA: Neuengland • USA Ost • USA Südstaaten • USA Südwest • USA West • Usedom • Venedig • Venezuela • Vietnam • Wales • Die Wartburg/Eisenach und Umgebung • Weimar • Wien • Zürich • Zypern • Die besten Weine in Deutschland • Die 30 tollsten Ziele in Europa • Die tollsten Hotels in Deutschland • Die tollsten Musicals in Deutschland • Die tollsten Restaurants in Deutschland

Die Marco Polo Redaktion freut sich, wenn Sie ihr schreiben: Marco Polo Redaktion, Mairs Geographischer Verlag, Postfach 31 51, D-73751 Ostfildern

Unsere Autoren haben nach bestem Wissen recherchiert. Trotzdem schleichen sich manchmal Fehler ein, für die der Verlag keine Haftung übernehmen kann.

Titelbild: Das Fotoarchiv: C & A Purcell
Fotos: Autorin (4, 7, 12, 14, 28, 30, 39, 48, 52, 56, 59, 60, 63, 71, 74, 78, 80, 83); HB-Verlag, Hamburg (16, 20, 66); R. E. Jung (9, 18, 33, 35, 42, 47); Mauritius: Hubatka (105); Santor (24); White Star: Steinert (26)

3., aktualisierte Auflage 1999 © Mairs Geographischer Verlag, Ostfildern
Lektorat: Ute Arndt
Gestaltung: Thienhaus/Wippermann (Büro Hamburg)
Kartographie Reiseatlas: © Berndtson & Berndtson, Fürstenfeldbruck
Sprachführer: in Zusammenarbeit mit dem Ernst Klett Verlag für Wissen und Bildung GmbH, Redaktion PONS Wörterbücher

Printed in Germany
Gedruckt auf 100% chlorfrei gebleichtem Papier

INHALT

Auftakt: Entdecken Sie Jamaika! 5
Auf Harry Belafontes »Island In The Sun« können Sie Ihren Traumurlaub genießen

Geschichtstabelle 11

Jamaika-Stichworte: Rastas und Reggae 13
Ein kleines Brevier, um Kultur, Religion und Alltag der Jamaikaner besser verstehen zu können

Essen & Trinken: Jerk food aus der Tonne 21
Die jamaikanische Küche ist scharf, deftig und hochprozentig

Einkaufen & Souvenirs: Genüsse für zu Hause 25
Neben schönem Kunsthandwerk sind Kaffee und Rum reelle Mitbringsel

Jamaika-Kalender: Jeder Sonntag ist ein Fest 27
Neben den Familienfeiern lieben Jamaikaner den Karneval, sportliche Wettkämpfe und Konzerte

Der Norden: Hier gefiel es nicht nur Kolumbus 31
Feine Sandstrände und ein touristisches Allround-Programm locken seit Jahren an die Nordküste

Der Osten: Rund um die Blauen Berge 49
Kleine Buchten, eine dampfende Bergwelt und Ausflugsinseln in enger Nachbarschaft von Port Antonio und Kingston

Der Westen und Süden: Einsam, ursprünglich und ein wenig rauh 67
Urlaubsmagnet ist Negril, doch drumherum fühlt sich wohl, wer das kleine Abenteuer sucht

Routen auf Jamaica 84

Praktische Hinweise: Alles inklusive bis zur Buddel Rum 88
Hier finden Sie die wichtigsten Adressen und Informationen für einen gelungenen Jamaika-Aufenthalt

Warnung: Bloß nicht! 95
Machen Sie sich mit den Eigenheiten der Jamaikaner vertraut, und Sie werden sich gut verstehen

Sprachführer Englisch: Sprechen und Verstehen ganz einfach 97

Reiseatlas Jamaika 105

Register 119

Was bekomme ich für mein Geld? 120

Entdecken Sie Jamaika!

Auf Harry Belafontes »Island In The Sun« können Sie Ihren Traumurlaub genießen

Eine Straßengabelung irgendwo hinter Port Maria an der Nordküste – wieder einmal weist kein Schild den Weg. Eine Gruppe Jamaikaner schaut dem Auto, Typ Leihwagen, neugierig hinterher und einer schreit: »Hey Joe, wrong way!« Wieso Joe? Und woher will der denn wissen, daß wir auf dem falschen Weg sind?

Der Vorfall ist vergessen, bis die schmale Straße noch schmaler, der Asphalt löchriger, die Hütten noch bescheidener werden. Als das nächste Dorf seinen Namen preisgibt – meist steht er an der Schule –, muß dem Mann Abbitte geleistet werden. Wir sind tatsächlich auf eine Nebenstrecke geraten. Bei der nächsten Warnung vor einem Umweg vergewissere ich mich nicht erst nach Kilometern, daß ich auf dem Holzweg bin.

Die meisten Jamaikaner sind Fremden gegenüber aufgeschlossen und hilfsbereit. Fortwährend erkundigen sie sich, ob dir die Insel gefällt und ob du wiederkommst: Sie sind stolz auf ihr Land. Besucher sind als Gäste willkommen, solange sie sich nicht wie die weißen Herren aufführen, denn die hatten die Jamaikaner lange genug. Der Einfachheit halber werden Touristen manchmal mit Joe oder Jane angesprochen. Man braucht sich also nicht zu wundern, wenn's quer über die Straße schallt: »Hey Jane!«

Über drei Jahrhunderte lang, vom Beginn des 16. bis ins 19. hinein, verschleppten zuerst die spanischen und dann die britischen Kolonialherren Afrikaner aus ihrer angestammten Heimat nach Jamaika und ließen sie als Sklaven auf den Plantagen arbeiten. Rund 75 Prozent der heutigen Einwohner sind afrikanischer Abstammung. Ihre Hautfarbe ist eindeutig schwarz, denn eine Vermischung der Rassen hat hier viel weniger stattgefunden als zum Beispiel in der Dominikanischen Republik oder auf Kuba.

Bis Jamaika 1962 die Unabhängigkeit erlangte, mußte ein langer Weg mit oft blutigen Aufständen zurückgelegt werden. Die entscheidende Wende hin zu

All inclusive auf Jamaika: tropische Temperaturen, sanfte Winde und alles umspannende Bläue

einem nationalen, schwarzen Bewußtsein leitete die Zurück-nach-Afrika-Bewegung in den 20er Jahren dieses Jahrhunderts ein, die von den Rastafaris aufgegriffen wurde. Rastafarianismus ist zugleich eine religiöse und politische Bewegung. Ihr »Sprachrohr« ist die von ihren Anhängern kreierte Reggae-Musik. In den 70er Jahren gelang es ihrem berühmtesten Vertreter, Bob Marley, Jamaika weltweit ins Rampenlicht zu rücken.

Wummernde Bässe, Trommeln im Herzschlag-Rhythmus – diese Musik geht unmittelbar ins Blut und in die Beine. Peter Tosh, der mit Bob Marley und Bunny Wailer zu den Stars der ersten Stunde gehörte, sagte treffend: »Reggae ist nichts, was du hören kannst, du kannst es nur fühlen.« Entstanden ist diese Musik in den Ghettos von Kingston, wo jeder um sein Überleben kämpft – auch heute noch. Sie wurde zur Stimme der ärmsten Jamaikaner.

Bevor Reggae seinen Siegeszug um die Welt antrat, war er im eigenen Land umstritten. Wurden doch in den Texten soziale Mißstände angeprangert, deren Beseitigung gefordert und die Besinnung auf die afrikanischen »roots« (Wurzeln) propagiert. Die Rastafaris paßten mit ihren Rastalocken und der kultischen Verehrung von Marihuana so gar nicht zur westlichen Orientierung der Oberschicht, und sie wurden deshalb zu sozialen Außenseitern abgestempelt. Bis zur Gründung des unabhängigen Musiksenders Irie FM 1972 spielten Radiosender Reggae-Platten nur nachts.

Nach dem Tod von Bob Marley entwickelte sich der Reggae ständig weiter, er bekam im Zeitalter computergesteuerter Musik immer neue Gesichter. Und noch heute träumen viele junge Leute davon, als Musiker reich zu werden. Doch es wäre falsch anzunehmen, auf Jamaika würde pausenlos Reggae gespielt. Amerikanische und internationale Popmusik erfreuen sich außerordentlicher Beliebtheit und beherrschen weitgehend die Musikszene. Wer ein Reggae-Konzert besuchen will, muß die Ohren offenhalten und Erkundigungen einholen, zum Beispiel beim Barkeeper im Hotel oder im Schallplattenladen.

Berühmt ist nicht nur Jamaikas Reggae, sondern auch sein Rum, einst zufälliges Abfallprodukt bei der Herstellung von Zucker aus Zuckerrohr. Mit Fruchtsaft als Planter's Punch gemixt, tritt er als süßer Verführer auf. Als weißer Overproof »straight« (pur) genossen, fordert er Respekt. Vordergründig scheint er milde, doch seine hochprozentige Wirkung ist nicht zu unterschätzen. Ähnlich läßt sich Jamaika charakterisieren. Zuckersüß und einschmeichelnd besingt Harry Belafonte es als »Island In The Sun«. Hier, am 18. Breitengrad, steht die Sonne in der Tat das ganze Jahr über beinahe senkrecht und strahlt aus meist blauem Himmel. Federleichte weiße Wolken ziehen vorüber, dicke Wolkenberge laden ihre nasse Fracht geschwind ab und überlassen es der Sonne, die feuchte Erde ebenso schnell dampfend zu trocknen. Die Lufttemperatur liegt durchschnittlich bei 30 Grad Celsius, das Wasser ist mit 26 bis 29 Grad Celsius nur unwesentlich kälter. Das ganze Jahr über herrscht ein tropisches Klima, Sommer und Winter unterscheiden sich nur geringfügig voneinander. Nachts kühlt es zwar etwas ab, doch es bleibt angenehm warm. Sanfte Winde lindern allzu große Schwüle, spielen raschelnd in den Kronen der Palmen. Dabei gibt es auch regionale Unterschiede: Im Süden fallen viel weniger Niederschläge als im Norden, die Vegetation ist spärlicher, die Sonne brennt heißer, und mannshohe Kakteen sind keine Seltenheit.

Das Meer ist weiter draußen tiefblau und trägt weiße Häubchen, an der Küste, in geschützten Buchten, ist es spiegelglatt und schillert in vielen Nuancen, mal hellblau, mal türkis. Transparent wie Zellophan erlaubt es den Blick auf eine karibisch-bunte Unterwasserwelt. Fische in allen Regenbogenfarben umschwärmen vielfältige Korallenformationen und bewachsene Felsen. Heller Sand polstert Teile des Ufers, daneben trotzen schroffe Klippen dem Ansturm der Fluten. Von August bis Oktober können Hurrikane über Jamaika hinwegfegen – ein Wermutstropfen im süßen Tropencocktail. Verheerenden Schaden vor allem im Osten der Insel richtete der Wirbelsturm »Gilbert« im September 1988 an. Die Landwirtschaft hat sich gerade erst einigermaßen von den Folgen erholt.

»Strong« und eher wild als lieblich-idyllisch ist dagegen die Landschaft im Inneren. Den Nordwesten beherrscht das Cockpit Country, eine zerklüftete und schwer zugängliche Karstlandschaft, in die sich die Maroons, freigelassene und entflohene Sklaven, zurückzogen, um ein neues Leben aufzubauen. Im Osten erheben sich die Blue Mountains mit dem Blue Mountain Peak (2256 m). Beide Regionen sind dünn besiedelt, der Anbau von Früchten und Gemüse mühsam. Nur Kaffeepflanzen gedeihen gut in den Hochlagen

Einst lagen in Port Antonios Hafen riesige Bananendampfer

der Blue Mountains. Der besondere Reiz dieser Berge liegt in ihrer ursprünglichen Wildheit. Bis hoch hinauf wachsen hier noch Teile des an Edelhölzern reichen Waldes, der einst die ganze Insel bedeckte. Von einer zur anderen Sekunde entzieht hier oben die Natur dem Betrachter die gerade noch gewährten Ausblicke. Weder Himmel noch Erde scheinen zu existieren, nur die kühle Feuchtigkeit des alles umwabernden Nebels ist spürbar.

Während das Landesinnere oft unerschlossen und unberührt erscheint, zeigen Jamaikas Ufer ein anderes Gesicht. An der Nordküste, in den Orten Montego Bay, Runaway Bay und Ocho Rios, stehen die meisten Hotels. Die Sandstrände strecken sich in mehr oder weniger großen Buchten aus; viele von ihnen sind den Gästen der dort angesiedelten Hotels vorbehalten, wieder andere öffentliche Strandbäder. Großen Zuspruchs erfreut sich auch Negril an der Westküste, sein elf km langer Strand ist der längste der Insel. Den Süden hingegen charakterisieren abgelegene Fischerorte, unberührte Strände und eine junge touristische Infrastruktur. Hier fließen die Flüsse träge durch Mangrovendickicht, sein hohes Schilf bietet Lebensraum für Vögel und unter Schutz stehende Krokodile und Seekühe.

Die Ostküste bietet die meiste Feuchtigkeit, die üppigste Vegetation und die verschwiegensten Strände auf der ganzen Insel. Port Antonio ist ihr Herz. Einst bedeutender Bananenhafen, dann Tropenidyll für Hollywoodstars, steigen heute in den Pensionen und den wenigen größeren Hotels vor allem Individualtouristen ab.

Im Osten der Insel, an der Südküste, liegt die pulsierende Hauptstadt Kingston, mit den Blue Mountains im Rücken. Sie ist auch kulturelles Zentrum des Inselstaates. Hier entstanden kompromißlose Songs wie Bob Marleys »I Shot The Sheriff«, hier werden neue Musiktrends geboren, und an Malerei, Bildhauerei, Theater und Tanz nimmt die Öffentlichkeit regen Anteil.

Die Stadt scheint auf den ersten Blick nicht mit Touristen gerechnet zu haben: Die Sehenswürdigkeiten und Museen liegen weit verstreut. Die Altstadt, die schachbrettartig angelegte *downtown,* mit ihren wenigen architektonischen Überbleibseln aus kolonialer Zeit, kann ihre Nähe zu den Ghettos nicht verbergen. Die Neustadt, *uptown,* ist in erster Linie eine Ansammlung gesichtsloser Bürohäuser und Regierungsgebäude ohne erkennbare städtebauliche Ordnung. Die Energie dieser Metropole kann man nicht auf einer Stadtrundfahrt spüren, bei einem Theater- oder Konzertbesuch schon eher. Erst während einer durchtanzten Nacht in einem Musikclub, am Sonntag am Strand von Hellshire, auf der Insel Lime Key oder bei einer Portion Fisch bei Gloria's in Port Royal lernt man, die angenehmen Seiten der Stadt zu schätzen.

Überhaupt sind Sonntage auf Jamaika heiter und leicht, jeder ein kleiner Festtag. Die Arbeit ruht, nach dem Kirchgang besucht man Familie und Freunde, oder man unternimmt zusammen einen Ausflug. Die Jamaikaner tragen ihre besten Kleider,

Hoch in die Blue Mountains flohen einst die Sklaven

die Frisur muß tipptopp sitzen. Schon Tage vorher werden die widerspenstigen Locken mit Wicklern eisern in Form gezwungen. Selbst die Jugend gönnt sich einen Ruhetag, denn die Freitag- und Samstagabende dauern häufig bis zum Morgengrauen.

Auch während der Woche lassen Jamaikaner sich nicht vom Alltag tyrannisieren. »Soon come« – diese beiden Worte drücken die Lebenseinstellung aus. Sie beantworten die Frage nach den fehlenden Eiern auf dem Frühstücksbuffet und trösten den Wartenden gleichzeitig. Wer kann bei einem lächelnd präsentierten »soon come« schon ernsthaft ungehalten werden? Aus jamaikanischer Sicht wäre eine solche Reaktion auf jeden Fall unangebracht.

Jamaika verfügt über eine ganze Reihe sehr luxuriöser Hotelanlagen. Hinter hohen Mauern erwarten den Gast tropische Gärten, private Strände, ein umfangreiches Sportangebot, zum Teil sogar eine eigene Villa, exzellenter Service und, und, und – zuckersüß diese Art von Urlaubscocktail. Die Welt draußen vor den Toren der Touristenresorts hat härtere Spielregeln. Sie ist zum Teil sehr ärmlich und der Kontrast zu den gestylten und properen Hotels manchmal schockierend. Manche Touristen trauen sich nicht, ihr Feriendomizil zu verlassen. Weil sie draußen angesprochen werden? Weil ihnen Dinge zum Kauf angeboten werden? Ist es denn so verwunderlich oder abstoßend, daß die Menschen rund um die Hotels auch etwas verdienen wollen? Für viele ist der Handel oft die einzige Chance, überhaupt zu einem kleinen Verdienst zu kommen.

Mit Respekt, Freundlichkeit und nicht übermäßig zur Schau gestelltem Reichtum geben solche Ausflüge gerade dem Urlaub auf Jamaika die Würze. Und es wäre zu schade, Jamaika zu verlassen, ohne wenigstens einmal eine lokale Spezialität in einer kleinen Gaststätte oder scharfes Jerk chicken frisch aus einer Blechtrommel probiert zu haben. Wer nicht in den Hotelanlagen, sondern in kleineren Häusern wohnt, hat solche »Schwellenangst« erst gar nicht, denn diese Feriendomizile befinden sich fast immer innerhalb der Ortschaften, wo man eher die Gelegenheit hat, mit jamaikanischer Lebensart vertraut zu werden.

Meist liegen die Touristenzentren in der Nähe der interessanten Ausflugsziele. Einige der ehemaligen Herrenhäuser der Plantagenbesitzer, Great Houses genannt, wurden renoviert und zu Museen gemacht. In ihnen lernt man auf anschauliche Weise etwas über die Geschichte des Landes. Die Reichtümer der tropischen Natur werden auf Musterplantagen und in botanischen Gärten erklärt. Oder man mietet einen Wagen und fährt hinauf in die Hügel. Streift kleine Dörfer mit phantasievoll bemalten Hütten. Sieht, wie Frauen die Wäsche im Fluß waschen, wie sie selbst sperrige Lasten grazil und sicher auf dem Kopf transportieren. Hört die Ziegen meckern, wenn sie ihr Leben mit einem Sprung in den Graben retten, weil wieder einmal ein randvoll mit Fahrgästen gefüllter Kleintransporter um die Kurven rast und mit artistischem Geschick den Schlaglöchern ausweicht.

In jedem größeren Ort gibt es farbenprächtige Märkte. Zuckerrohr wird portionsweise in Stücke geschlagen und als süße Schleckerei, Kokosnüsse als Durstlöscher verkauft. Landfrauen bieten Yams, Brotfrucht, exotisches Gemüse wie Ackee, die Nationalfrucht, und Obst an. Mit Kleidern und Nützlichem wird ebenfalls gehandelt. Besonders lebhaft geht es am Wochenende zu.

Auf keinen Fall verpassen sollte man ein erfrischendes Bad in einem Fluß oder eine Dusche unter einem Wasserfall. Die populärsten unter den zahlreichen Fällen Jamaikas sind die Dunns River Falls an der Nordküste nahe Ocho Rios. Sie können bequem erklommen werden. An Winnifred's Beach, außerhalb von Port Antonio, freut sich die kleine Rasta-Gemeinde über Besuch. Nach einem Bad im Meer kann man bei ihnen Kleinigkeiten essen und kühle Getränke kaufen. Schnell entwickelt sich ein Gespräch. Euphorisch erzählen sie von Jah, ihrem Gott, der in einem selbst wohnt und der ihnen den Glauben gibt, den Tag zu genießen, ohne sich um die Zukunft zu sorgen. Die Lektion endet mit einem bekräftigenden »jeh maan! I-rie!« was meint »so ist es, und alles ist in Ordnung«. Überall auf der Insel begegnet man Rastafaris, auch wenn die Jamaikaner selbst sagen, ihre Bewegung würde an Bedeutung verlieren. Sie sind gewissermaßen Lebenskünstler, die von der Hand in den Mund leben und dabei selbstbewußt ihre Anschauungen vertreten. Überhaupt sind die Jamaikaner ein selbstbewußtes Volk, stolz auf ihre Insel, ihre kämpferische Vergangenheit und voller Optimismus für die Zukunft, in der der Tourismus weiterhin eine große Rolle spielen wird – das steht fest.

Geschichtstabelle

Zirka 800 bis 1600
Arawak-Indianer besiedeln die Antilleninseln. Ihre Zivilisation auf Jamaika wird innerhalb weniger Jahre durch kriegerische Überfälle der Indianer vom Stamme der Kariben und durch die Spanier ausgelöscht

1494
Christoph Kolumbus entdeckt auf seiner zweiten Reise die Insel und landet am 4. Mai an der Nordküste, vermutlich in der Nähe von Discovery Bay

1510
In der Nähe der St. Ann's Bay entsteht Sevilla la Nueva, die erste Stadt

1520
Der Anbau von Zuckerrohr beginnt, nachdem die Pflanze von der Nachbarinsel Hispaniola importiert worden war

1535
Villa de la Vega, das spätere Spanish Town, löst Sevilla la Nueva als Hauptstadt ab

1655
Am 10. Mai wird die Insel von den Briten besetzt; die Spanier kapitulieren am 11. Mai

1670
Die Spanier treten Jamaika im Vertrag von Madrid an England ab

1692
Am 7. Juni erschüttert ein Erdbeben Port Royal; das Hauptquartier der Freibeuter und Piraten versinkt im Meer

1738/39
Nach mehr als 80 Jahren Krieg einigen sich Briten und Maroons auf einen Friedensvertrag

1838
Die 1834 vom britischen Parlament verkündete Abschaffung der Sklaverei wird für alle Kolonien verbindlich

1866
Jamaika wird britische Kronkolonie

1872
Kingston löst Spanish Town als Hauptstadt ab

1938
Im ganzen Land herrschen Unruhen. Parteien und Gewerkschaften entstehen, die Jamaica Labour Party (JLP) gewinnt die ersten freien Wahlen

1962
England entläßt Jamaika am 6. August in die Unabhängigkeit, Sir Alexander Bustamente von der JLP wird erster Premierminister; konservativ-privatwirtschaftlicher Kurs

1972 und 1976
Die JLP unterstützt das Programm der Nationalen Volkspartei (PNP), orientiert am demokratischen Sozialismus

1993 und 1997
P. J. Patterson, Vorsitzender der PNP, wird bei den Wahlen als Premierminister im Amt bestätigt; die Politik ist westlich orientiert

MARLEY ROAD

Rastas und Reggae

Ein kleines Brevier, um Kultur, Religion und Alltag der Jamaikaner besser verstehen zu können

Bevölkerung
»Out of many, one people«, aus vielen ein Volk beschwört als griffiges Motto die nationale Einheit. Die Jamaikaner sind ein Volk mit vielen ethnischen und kulturellen Wurzeln. Nach der Ausrottung der Urbewohner, der Arawaks, leben heute überwiegend Nachfahren der aus Westafrika importierten Sklaven auf der Insel. Sie vermischten sich im Laufe der Jahrhunderte mit Einwanderern aus Europa, Ostindien, China und Vorderasien. Die Mehrheit der rund 2,5 Millionen Jamaikaner ist dunkelhäutig.

Bildungswesen
Schulpflicht besteht vom siebten bis zum 15. Lebensjahr. Neben staatlichen Schulen gibt es private, überwiegend kirchliche Erziehungseinrichtungen sowie Kindergärten und Vorschulen. Die University of the West Indies und verschiedene Colleges ermöglichen ein weiterführendes Studium. Junge Arbeitslose können auf den HEART-Akademien einen Beruf, zum Beispiel im Tourismusgewerbe, erlernen.

Bob Marley: spiritueller Anführer der Rastafaris, Rebell, Poet und Liebhaber

Uniformen, Bücher, Schulspeisung und Fahrkosten summieren sich für Familien mit mehreren Kindern zu großen Ausgaben.

Bob Marley
Der bislang einzige Superstar aus der Dritten Welt machte den Reggae international bekannt. Geboren wurde Robert Nesta Marley am 6.2.1945 in Nine Mile, St. Ann, als Sohn eines britischen Hauptmanns und einer einheimischen Kolonialwarenhändlerin. Später zog er mit seiner Mutter nach Trenchtown, einem Vorstadtghetto von Kingston. Er brach eine Lehre als Schweißer ab, denn er wollte nur eins: Musik machen. 1961 nahm er seinen ersten Song auf. Etwa zwei Jahre später gründete er mit Peter Tosh und Bunny Wailer die Wailers, und ihr Titel »Simmer down« wurde zum Ghetto-Bestseller. Ihre Songs führten in den 60er Jahren die lokalen Hitlisten an. 1973 gelang Marley der internationale Durchbruch mit Hilfe des Produzenten Chris Blackwell von der Plattenfirma Island Records und der neuen LP »Natty dread«.

Songs wie »Stir It Up«, »I Shot the Sheriff« und »Get Up, Stand Up« machten ihn und den Reggae weltweit berühmt. Bob Marley war überzeugter Rastafari,

Vorsicht – rohe Ackeefrüchte sind giftig!

prangerte in seinen Liedern kompromißlos die sozialen Mißstände auf Jamaika an, trat für die Rechte der Schwarzen und aller Unterdrückten ein. Er starb am 11. Mai 1981 an Krebs und wurde in Nine Mile beigesetzt. Mit seiner Frau Rita hatte er drei von insgesamt mindestens zehn Kindern.

Fauna

Die meisten Säugetiere wie Kühe und Ziegen kamen während der Kolonialzeit nach Jamaika. Mungos (marderähnliche Schleichkatzen) sollten den ebenfalls eingeschleppten Ratten an den Kragen gehen. Fledermäuse sind weit verbreitet, die Vogelwelt ist vielfältig inklusive einer Reihe von endemischen Arten. Der Nationalvogel *Doctor Bird* gehört zu den Schwalbenschwanzkolibris und bekam seinen Namen angeblich, weil er mit dem Schnabel Nektar aus Blumen zieht und an Ärzte erinnert, die Wunden mit der Pinzette behandeln. Der große Truthahnbussard kreist häufig am Himmel. Er wurde *John Crow* getauft, weil er einem ehemaligen gleichnamigen Pfarrer Jamaikas in der schwarzen Sutane ähnlich sieht. Weiße Reiher stolzieren zwischen Rindern auf der Weide. Viele Schmetterlinge flattern am Tag umher, nachts leuchten die *Fireflies,* Glühwürmchen. Im Süden sind einige *Manatis* (Seekühe) und Krokodile zu Hause – heute streng geschützt. Vor der Küste – vor allem im Westen und Norden – gibt es Korallenriffe, wenn auch nicht die prächtigsten in der Karibik.

Flora

Flamboyant (seine Blüten erinnern an ein Flammenmeer), Bougainvillea und Hibiskus setzen dem üppigen Grün der Vegetation leuchtende Farbtupfer auf. Gummibaum, Philodendron, Weihnachtsstern: bei uns gehegte Zimmerpflanzen, hier gedeihen sie überall prächtig in freier Natur. Ursprünglich bedeckte Wald fast die ganze Insel; heute existieren nur noch gut zwanzig Prozent des ursprünglichen Baumbestandes. Zum Schutz dieses letzten Fünftels wurde 1992 der *Blue Mountain Nationalpark* eingerichtet. Ein charakteristischer Baum mit weitausladenden Ästen ist der Baumwollbaum *(Ceiba).* Er kann bis zu 300 Jahre alt werden. Am Pimentbaum wächst der Jamaika-Pfeffer, auch Nelkenpfeffer genannt, der gleichzeitig nach Zimt, Muskatnuß und Pfeffer schmeckt. Der *Ackeebaum* trägt das ganze Jahr über rote Früchte, die erst geschält und gekocht genießbar werden und Nationalspeise sind. Brotfruchtbäume kamen mit der Bounty und Kapitän Bligh nach Jamaika, Kaffee stammt aus Afrika, Kakao aus Süd- und Mittelamerika; Kokospalme, Zuckerrohr, Zitrusfrüchte, Mangos, Bananen, Mandelbäume und der weit verbreitete Große Bambus wurden ebenfalls eingeführt.

Geographie

Jamaika gehört mit Kuba, Hispaniola und Puerto Rico zu den Großen Antillen. Mit etwa 11 400 qkm die drittgrößte Karibikinsel, ist sie halb so groß wie Hessen. Die nächsten Nachbarn Kuba und Haiti liegen ungefähr 150 km nördlich bzw. östlich. Die Ost-West-Ausdehnung Jamaikas beträgt etwa 235 km, die Breite 35 bis 80 km. Die Arawak-Indianer nannten die Insel treffend *Xaymaca,* Land des Waldes und des Wassers. Auf vulkanischem Faltengebirge breiten sich tropische Wälder und zerklüftetes Karstgebirge, Wiesen und fruchtbare Felder aus. Unzählige Flüsse, Wasserfälle, Tropfsteinhöhlen und eine abwechslungsreiche Küste machen Jamaika zu einer der schönsten Inseln der Karibik.

Kolonialzeit

Nachdem Kolumbus 1494 Jamaika entdeckt hatte, gründeten erste spanische Siedler 1510 Sevilla la Nueva an der Nordküste. Sie ließen die einheimischen Arawak-Indianer für sich arbeiten. Die Zwangsarbeit, Verfolgung und eingeschleppte Krankheiten rotteten die Indianer schließlich aus. Als Ersatz wurden Sklaven aus Westafrika herbeigeschafft.

1655 landete im Hafen von Kingston eine englische Flotte. Ihr Versuch, Santo Domingo auf Hispaniola den Spaniern abzujagen, war zuvor kläglich gescheitert. Um die Schande wiedergutzumachen, griffen die Engländer Jamaika an. Aufgrund der dünnen Besiedlung und schwachen Verteidigung hatten sie leichtes Spiel, die Machtübernahme erfolgte beinahe kampflos. Auf ihrer Flucht ließen die Spanier die Sklaven frei und bewaffneten sie. Die Schwarzen zogen sich in die unwirtlicheren Bergregionen zurück – *Maroons* nennen sich diese ehemaligen Sklaven (abgeleitet aus dem amerikanischen Spanisch für cimarrón = wild).

Im Juni 1658 starteten die Spanier einen großangelegten Versuch, die Insel zurückzuerobern, sie wurden jedoch in der Schlacht am Rio Nuevo vernichtend geschlagen.

Aus Soldaten wurden schließlich Pflanzer, und so wurde ab 1664 Zuckerrohr angebaut, das kräftig wuchs und bis 1965 zu den Exportschlagern zählte. Viehzucht, Holzhandel und Kaffee-

Anbau brachten zusätzliche Gewinne. Ende des 17. Jhs. war Jamaika ein zentraler Umschlagplatz für Sklaven.

Die Diskussion um die Menschenrechte, ausgelöst durch die Französische Revolution, und Zweifel an der Rentabilität der Plantagensklaverei führten am 25. März 1807 zur Abschaffung des Skavenhandels in den Britischen Kolonien. Zu dieser Zeit lebten 319351 Sklaven auf Jamaika. Es bedurfte noch eines weiteren Aufstands, des größten in der Geschichte der Insel – angeführt von Sam Sharpe –, bis in dessen Folge 1838 die Sklaverei auf Jamaika endgültig abgeschafft wurde. 1866 wurde die Insel britische Kronkolonie und 1872 Kingston die neue Hauptstadt.

Mit dem Sterben der großen Plantagen begann eine Veränderung der wirtschaftlichen Struktur. Die weiterhin benötigten Arbeitskräfte für die noch existierenden Plantagen wurden aus Ostindien angeworben. Eine neue Schicht von Plantagenbesitzern bildete sich, unter ihnen waren erstmals auch Gemischtrassige. Die ehemaligen Sklaven waren jetzt frei, aber immer noch völlig rechtlos, und die britischen Gouverneure behielten bis in die ersten Jahrzehnte dieses Jahrhunderts uneingeschränkt Macht und Stellung. Soziale Unruhen in den 30er Jahren führten schließlich zur Gründung von Parteien und Gewerkschaften. Nach Einführung der Selbstverwaltung 1957 und des Parlaments 1958 ist Jamaika praktisch autonom. Endgültig unabhängig wurde es am 6. August 1962.

Kricket

Im 16. Jh. in England entstanden, ist Kricket das Lieblingsballspiel der Jamaikaner. Zu Beginn dieses Jhs. bot Sport die einzige Möglichkeit für einen Farbigen, Anerkennung in der Kolonialgesellschaft zu erlangen und richtig

Leicht haben es bei der Zuckerrohrernte nur die Ibisse

Geld zu verdienen. Kricket erinnert entfernt an Baseball:

Es wird von zwei Mannschaften gespielt (je elf Spieler), einer Schlag- und einer Fangpartei. Die Schlagpartei besteht aus neun Spielern und zwei Schlägern. Die Schlagpartei übernimmt die Verteidigung der beiden Tore *(wickets)*, die 20,11 m voneinander entfernt stehen. Der Schlagmann *(batsman)* versucht, den Ball weit ins Feld zu schlagen, um mit dem anderen Schlagmann am anderen Tor möglichst oft den Platz zu tauschen, denn dieser *run* gibt Punkte. Der Werfer *(bowler)* der Fangpartei, zu der außer ihm noch ein Torwächter und neun Spieler zählen, darf sechs Würfe auf das gegnerische Tor werfen, dann wird er abgelöst. Der Fänger hinter dem Tor und die neun Feldspieler versuchen, durch Würfe auf das Tor die Schläger der Gegenpartei »auszuschlagen«. Eine Runde ist beendet, wenn zehn batsmen ausgeschlagen sind, dann wechseln die Parteien.

Die Spiele finden von Januar bis August am Wochenende statt und dauern mehrere Stunden, Länderspiele *(test matches)* sogar mehrere Tage. Letztere werden auf Jamaika im Sabina Park in Kingston ausgetragen.

Kunst und Kultur

Wachsendes Nationalgefühl in den 30er und 40er Jahren brachte eine künstlerische Bewegung hervor, die ihr Land als Quelle der Inspiration sieht. Autodidaktisch und intuitiv begann man, einen eigenen künstlerischen Ausdruck zu entwickeln. Die Plastiken und Malereien sind verwandt mit denen haitianischer Künstler, doch weniger stilisiert und homogen. Edna Manley, eine von den Briten anerkannte und privilegierte Malerin, unterstützte die neue Kunstbewegung und organisierte Ausbildung, gegenseitige Kritik und Erfahrungsaustausch. Seitdem wird künstlerisches Schaffen von allen Regierungen unterstützt. Die jährlichen Unabhängigkeitsfeiern werden vor allem in Kingston von Kunstausstellungen und Wettbewerben begleitet.

Eine wichtige Institution für die Pflege jamaikanischen Kulturgutes ist das *Institute of Jamaika*, gegründet 1879. Es umfaßt u.a. die Nationalbibliothek, verschiedene Museen, das African Caribbean Institute und die Nationalgalerie.

Landwirtschaft

Ein Drittel des bewirtschafteten Landes nimmt der Anbau von Zuckerrohr ein. Obwohl die Landwirtschaft nicht mehr die führende Industrie im Land ist, bleibt sie der größte Arbeitgeber. Wichtigste Exportgüter sind neben Zuckerrohr Bananen, gefolgt von Zitrusfrüchten, Kaffee, Kakao, Kokosnüssen und Gewürzen wie Piment (Nelkenpfeffer).

Produkte für den Eigenbedarf werden auf kleinen Bauernhöfen angebaut wie Yams, Süßkartoffeln, Mais, Kürbis, Erbsen, Bohnen und anderes Gemüse, ferner Mangos, Avokados und Ackees.

Patois

Patois ist neben dem offiziellen Englisch die Sprache der Einheimischen, ein Gemisch aus afrikanischen Dialekten, versetzt mit portugiesischen, spanischen und englischen Ausdrücken.

Für Rastafaris liegt die Wiege ihrer Kultur in Äthiopien, und Jah ist ihr Gott

Patois wird auf vielen karibischen Inseln gesprochen. Auf Jamaika klingt es in jedem Teil der Insel anders und weist einige Besonderheiten auf. So blieben englische Ausdrücke des 17. Jhs. erhalten. Da Patois noch eine lebendige Sprache ist, bringt sie ständig neue Wortschöpfungen hervor. Ein Ausdruck, mit dem man sich auf Jamaika sofort Freunde schafft, heißt: »Jeh mon!« und meint »natürlich, klar, o.k.«. Mit der Rastafari-Religion entstanden neue Worte, die die Welt aus der Perspektive ihrer Anhänger ausdrücken. Solche Worte, denen man überall begegnet, sind: »I-tal« (natürlich im Sinne von lebensspendend) und »I-rie« (alles in Ordnung).

Politik

Seit der Unabhängigkeit 1962 ist Jamaika Mitglied des Commonwealth, die Königin von England somit nominelles Staatsoberhaupt. Sie wird durch einen Generalgouverneur vertreten, der den Senat und den Premierminister ernennt. Der Senat überprüft in erster Linie die Gesetzgebung des Repräsentantenhauses. Es besteht aus 60 Mitgliedern und wird auf fünf Jahre in allgemeiner Wahl gewählt. 1962–72 und 1980–89 regierte die Jamaica Labour Party (JLP); bedeutende Ministerpräsidenten waren A. Bustamente und E. Seaga. 1972–80 und seit 1989 ist die People's National Party (PNP) erst unter M. N. Manley und nun unter J. P. Patterson am Ruder. 1995 wurde eine dritte Partei, National Democratic Movement (NDM), gegründet.

Rastafari-Bewegung

Der jamaikanische Sozialreformer Marcus Garvey (1887–1940) prangerte in den 20er Jahren die unterwürfige Haltung der Schwarzen gegenüber den Weißen an und rief seine Mitbürger auf, stolz auf ihre Rasse zu sein und gegen die Unterdrückung zu kämpfen. Er forderte alle Schwarzen auf, nach Afrika zurückzukehren. Als seine Prophezeiung eines schwarzen Königs 1930 mit der Krönung von Haile Selassie Ras Tafari zum Kaiser von Äthiopien tatsächlich eintrat, war die Rasta-Bewegung geboren. Die Rastafaris sehen in Haile Selassie den direkten Nachfahren von König Salomon und verehren ihn als Jah, ihren Gott. Er trägt zahlreiche Beinamen, unter anderem »siegreicher Löwe vom Stamme Juda«. Die Löwenmähne aus ungekämmten und ungeschnittenen Haaren, Dreadlocks genannt, sind äußeres Erkennungsmerkmal der Rastafaris. Anhänger der Rasta-Bewegung besinnen sich auf der Suche nach einer schwarzen Identität auf ihre afrikanischen Wurzeln *(roots)*. Wahre Rastafaris leben zurückgezogen als Bauern oder Fischer, ernähren sich weitgehend vegetarisch von natürlichen Lebensmitteln, trinken keinen Alkohol und rauchen keinen Tabak. Ganja (Marihuana) ist für sie das Kraut des Heils, und, obwohl verboten, für die Meditation unverzichtbar. Rastafaris treten für »love, peace and truth« ein, was aber auch bedeuten kann, daß sie Weiße immer noch als Unterdrücker sehen und selbstverständlich an deren »Reichtum«, sei es in Form von Geschenken oder überhöhten Forderungen für Nichtigkeiten, partizipieren wollen.

Reggae ist der musikalische Ausdruck ihrer Gesinnung, Bob Marley dessen populärster Vertreter. Äthiopien bleibt, auch nach dem Sturz von Haile Selassie 1974 und seinem Tod 1975, ihr gelobtes Land, und die äthiopischen Nationalfarben Grün, Gold, Rot sind auch ihre Farben.

Reggae

In den Ghettos von Kingston als Musik der Ärmsten geboren, trat der Reggae mit Bob Marley seinen Siegeszug um die Welt an. Der Rhythmus der Trommeln glich dem Pulsschlag, soziale, politische und spirituelle Inhalte bestimmten die Texte. Die Reggae-Musiker der 60er und 70er Jahre waren Jamaikas Propheten und soziale Kommentatoren.

Auch nach dem Tod Bob Marleys lebt der Reggae und entwickelt sich weiter. Rap- und Hip-Hop-Elemente kamen hinzu. Das Ergebnis wird Raggamuffin genannt. Eine Art Sprechgesang wird zur Musik mit dröhnenden Bässen »getoastet«. Zu den Stars der Szene zählen Luciano und Buju Banton. Daneben erleben klassische Reggae-Rhythmen eine Renaissance.

Zum Reggae-Sunsplash im Februar in Ocho Rios und zum Reggae-Sumfest im August in Montego Bay kommen jährlich Fans aus aller Welt – lassen Sie sich diese Open-air-Festivals nicht entgehen!

Religion

Überwiegend sind die Jamaikaner Christen, anglikanischer, presbyterianischer oder römisch-katholischer Ausprägung. Fast in jedem Ort steht mehr als eine Kirche. Juden, Hindus und Moslems spielen eine untergeordnete Rolle. Die Rastafaris sind eher eine politisch-religiöse Gemeinschaft als eine Sekte. Einige afrikanische Glaubenselemente blieben auch nach der Bekehrung zum Christentum lebendig. So der Glaube an den eigenen Geist *(duppy)*, der nach dem Tod auf der Erde zurückbleibt. Um ihn versöhnlich zu stimmen, dauert die Totenwache neun Tage.

Wirtschaft

Wichtigster Devisenbringer ist der Tourismus, an zweiter Stelle steht die Bauxitindustrie *(S. 40)*. Die galoppierende Inflation zu Beginn der 90er Jahre konnte zwar gestoppt werden, doch der Jamaika-Dollar gilt weiterhin als nicht stabil. Ein Hauptproblem ist die Arbeitslosigkeit. Vor allem Jugendliche, die fast 50 Prozent der Bevölkerung ausmachen, sind betroffen. Über 30 Prozent von ihnen sind arbeitslos, von den jungen Frauen sogar über 60 Prozent.

Jerk food aus der Tonne

Die jamaikanische Küche ist scharf, deftig und hochprozentig

Würziger Rauch quetscht sich durch einen Spalt aus dem Bauch einer rußig-schwarzen Blechtonne. Ein dünnbeiniges Eisengestell gibt ihr Halt. Überall an Jamaikas Straßen stehen diese ausgedienten Ölfässer. Sie qualmen vor allem nachmittags und bis in den Abend hinein und am Wochenende den ganzen Tag. In ihrem Inneren brutzelt und räuchert gleichzeitig scharf mariniertes Schweine- und Hähnchenfleisch. Jerk pork und Jerk chicken, allgemein Jerk food genannt, sind eine echt jamaikanische Spezialität. Passanten stoppen, um eine Portion mit nach Hause zu nehmen. Abends sind die Tonnen oft beliebte »Hang outs« (Treffpunkte), auch für solche, die gerade kein Geld für einen Hähnchenschenkel haben. Gewürzt mit Pfeffer, *Allspice* (Piment oder Jamaika-Pfeffer genannt), Zimt, Muskat sowie Kräutern gart das Fleisch langsam über einem Feuer aus Pimentholz und nimmt so den unverwechselbaren Geschmack an. Zuerst von den Maroons in Erdmulden zubereitet, breitete sich das Gericht von Osten her über die ganze Insel aus. Boston Bay bei Port Antonio gilt unumstritten als Jerk-Hochburg.

Jede Stadt besitzt neben den Straßenständen mindestens ein Jerk Centre, eine Art Imbiß-Restaurant. Man bestellt am Schalter die gewünschte Gewichtsmenge in Pfund. Ein halbes reicht für zwei Personen. Das Fleisch wird in fingerfertige Happen zerlegt. Wer's richtig scharf mag, probiert noch eine der Soßen, die oft nach einem Geheimrezept hausgemacht sind. Als Beilage schmecken *Festivals* – süßliche, in Fett ausgebackene Teigwaren – besonders gut. Bei den meisten Jerk Centres stehen Tische und Bänke im Hof oder Garten für den sofortigen Verzehr bereit. So eine Mahlzeit ist rustikal – gegessen wird mit den Fingern –, preiswert, schmackhaft und typisch jamaikanisch.

In den Touristenorten sind Restaurants aller Kategorien zu finden. Sie bieten meist internationale Küche, mal französisch, mal italienisch oder asiatisch an-

Probieren Sie ruhig Yams, Cho-cho oder Pomkin, sie schmecken weniger exotisch, als Sie denken

gehaucht. Einige wenige kreieren eine Art »Nouvelle Cuisine von Jamaika« mit landestypischen Produkten und verfeinerter Zubereitung auf der Grundlage traditioneller Rezepte. Dieser Trend wird sich hoffentlich weiter durchsetzen und ein Gegengewicht zum – leider – zunehmenden McDonald's-Angebot bilden.

Kleine, lokale Restaurants bereiten originale Hausmannskost zu. Die Einrichtung ist schlicht bis spartanisch, das Menü oft mit Kreide auf einer Tafel notiert. *Curry goat* (Ziegenragout mit vielen kleinen Knochenstückchen in Currysoße), *Stew beef* (eine Art Gulasch), Hähnchen, gekochter oder gebratener Fisch, dazu *Rice and Peas* (Reis und rote Erbsen, die eher wie Bohnen aussehen, in Kokosmilch gegart) und *Platain* (Kochbanane). *Escoveitch fish* (gebackener Fisch mit geschnitzeltem Gemüse in einer leicht säuerlichen Soße) oder *Rundown* (ein würziges Fischgericht in Kokosmilch gegart) stehen seltener auf den Speisekarten. Sie sollten sie unbedingt probieren, wenn sich die Gelegenheit bietet.

Als Beilagen bekommt man auch Brotfrucht gereicht. Das Fleisch der von Kapitän Bligh nach Jamaika gebrachten Früchte ist gelblich, fest und sehr sättigend. Oder Yams. Die gekochten Wurzeln sind beinahe weiß und schmecken ein bißchen wie feste Kartoffeln. Die drei beliebtesten Gemüse sind Pomkin, Cho-cho (erinnert an Kohlrabi, nimmt den Geschmack von allem an, mit dem es gekocht wird) und Möhren. *Bammies* werden in Fett gebacken und bestehen aus dem stärkereichen Mehl der Maniokwurzeln, auch Kassava genannt. Bammies haben Ähnlichkeit mit Kartoffelpuffern und schmecken hervorragend zu Fisch.

Viele der Restaurants öffnen schon früh am Morgen. Es ist üblich, daß sich Geschäftsleute zum Frühstück treffen. Während in den Hotels Toast, Butter, Eier, gebratener Schinken, frische Säfte und Obst (Banane, Ananas, Melone, Mango und Papaya) gereicht werden, zieht der Jamaikaner eine kräftigere Mahlzeit vor. Zu einem typischen Frühstück gehört auf jeden Fall das Nationalgericht *Ackee and Saltfish* (gekochte Ackeefrüchte mit kleinen Brocken Stockfisch, erinnert etwas an Rührei). Weitere Zutaten können Johnny Cakes (fritierte Teigbällchen), Callaloo (eine Art Spinat), Scheibchen gebratener Kochbanane, Fleisch- oder Fischgerichte sein. Dazu wird Tee oder Blue Mountain Coffee mit dickflüssiger, süßer Kondensmilch getrunken.

Vegetarier und Liebhaber naturbelassener Speisen werden sich in den von Rastafaris geführten I-tal-Restaurants wohlfühlen. Fischfreunde kommen hier ebenfalls auf ihre Kosten. Er ist schmackhaft und preislich erschwinglich. Probieren Sie als Vorspeise *Smoked Marlin*, eine Delikatesse, die sich hinter geräuchertem Lachs nicht zu verstecken braucht. Sehr delikat sind gefüllte Krebse. Das kostspieligste Gericht auf der Speisekarte sind meist Lobster, gemeint sind Langusten. Sie werden klassisch oder pikant mit Curry zubereitet.

Mehrgängige Menüs sind in einfachen Gaststätten nicht üblich. Das Hauptgericht wird mit Beilagen auf einem Teller serviert, vorweg oder gleichzeitig höchstens eine Tasse Fleisch- oder Fischbrühe, *tea* genannt, oft im Preis eingeschlossen.

Viele Hotels bieten morgens und mittags, oft auch abends, Buffets an. Den Hunger zwischendurch bekämpfen *Hot Patties,* mit Fleisch oder Gemüse gefüllte, würzige Teigtaschen, die in Bäckereien verkauft werden.

Das tropische Klima und würzig-scharfe Speisen machen durstig. Erfolgreicher als mit Softdrinks läßt sich eine trockene Kehle mit der Milch einer Kokosnuß bekämpfen, die an den Straßen angeboten wird. Der Verkäufer schlägt mit der Machete die Kuppe ab. Nachdem die Nuß ausgetrunken wurde, benutzt man das Stückchen Schale als Löffel, um das glibberig-weiße Fruchtfleisch auszukratzen und in den Mund zu schaufeln: einfach köstlich! Wer's kräftiger mag, greife zu einem kühlen *Red Stripe,* so heißt die einheimische Biermarke.

Der Blue Mountain Coffee wächst in den Höhenlagen der gleichnamigen Berge und zählt zu den besten Kaffeesorten der Welt, weshalb er viermal teurer ist als normaler Kaffee. Leider ist nicht aller Kaffee, der auf Jamaika ausgeschenkt wird, wirklich Blue Mountain Coffee.

Zur kalten Jahreszeit gehört bei uns Glühwein, auf Jamaika gibt's um Weihnachten herum *Sorrel.* Das dunkelrote Getränk wird aus Blüten gewonnen, schmeckt erfrischend, süßlich-herb und kann mit einem Schuß Rum verfeinert werden. Sorrel wird meist kalt getrunken.

Jamaika-Rum ist neben Reggae wohl das bekannteste Exportgut. Zwei Grundtypen gibt es: den braunen, der mehr oder weniger lange in Holzfässern reift, bevor er konsumiert wird, und den weißen, ungelagerten, der so stark ist, daß Jamaikaner ihn meist mit ein wenig Wasser verdünnen. Die bekanntesten Rumhersteller sind Appleton und Myers. Beide bringen viele Sorten auf den Markt. Je älter, um so weicher und teurer, lautet die Faustregel. Es lohnt, in den Bars zum Beispiel nach einem V/X zu fragen. Der ist allerdings zu schade, in einer Cola ertränkt zu werden. Wenn Sie einen weißen Overproof bestellen, mit etwas Wasser oder Eis und Limone, dann kann es sein, daß ein Funke Anerkennung in den dunklen Augen des Barkeepers aufflackert – Jamaikaner trinken fast ausschließlich den starken, weißen Rum. Angeblich steht in jedem Haushalt eine Flasche. Er soll vor Erkältung, Husten oder Halsweh schützen oder zumindest die Leiden lindern. Extrem hochprozentig dient er auch zu spirituellen Zwecken. Natürlich wird er zu diversen Cocktails gemixt, doch pur ist der reinste aller Brände einfach am besten. Für Schleckermäuler hat Jamaika einige sehr delikate Liköre zu bieten: Neben den bewährten Varianten mit Rum ist Tia Maria der berühmteste, er schmeckt nach Kaffee.

Zum Abschluß sei ein stärkender »Zaubertrank« erwähnt, auf den Jamaikaner schwören. Irish Moos ist ein durch und durch gesundes Getränk aus gekochten Meeresalgen. Es wird mit gesüßter Kondensmilch und Muskatnuß gemixt und als Vorbereitung für eine Liebesnacht getrunken.

Genüsse für zu Hause

Neben schönem Kunsthandwerk sind Kaffee und Rum reelle Mitbringsel

Ganze Armeen hölzerner Gesellen sind am Straßenrand aufmarschiert: geschnitzte Köpfe, Hähne und Fische, bunt bemalt oder glänzend poliert. Man trifft sie auf der ganzen Insel, in hoher Konzentration auf den Craft Markets in den Touristenorten. Dort werden auch Korbwaren und andere Souvenirs angeboten – allesamt nicht besonders originell und zigfach kopiert.

Wer Ausschau hält, findet auch mal Ausgefallenes wie schön gearbeitete, schlichte Holzschalen, verzierte Kalabassen, die als Rasseln oder Umhängetäschchen dienen.

Reggae- und Rastafans können sich von Kopf bis Fuß in die äthiopischen Farben Rot, Gold, Grün kleiden, inklusive passender Accessoires wie gehäkelte Wollmützen, Gürtel, Taschen.

In Kingston, Montego Bay und Ocho Rios bieten Galerien Gemälde moderner jamaikanischer Künstler an. Am weitesten verbreitet ist die Stilrichtung der naiven Malerei.

Geschnitzte Rastaköpfe gibt es auch lackiert und bemalt

»Eine Buddel voll Rum« sollte auf jeden Fall mit auf den Heimweg gehen. Der vollmundige Geschmack eines älteren Jahrgangs hält die Erinnerung an Jamaika intensiv aufrecht. Auch ein Päckchen Blue Mountain Coffee ist ein gutes Souvenir. Und da in heimischen Breiten Jerk chicken durch schlichte Grillhähnchen ersetzt werden muß, sorgt wenigstens die mitgebrachte, hausgemachte Soße für die nötige Würze. Die beste wird in Boston Bay verkauft.

Brandaktuelle Reggae-Scheiben können in Profiqualität in Plattenläden oder auch als Selfmade-Kassetten bei Straßenhändlern erstanden werden.

Die Geschäfte öffnen Montag bis Freitag 8.30 oder 9 Uhr und schließen gegen 16.30/17 Uhr. Manche sind am Samstagvormittag geöffnet, dafür ist dann ein Nachmittag in der Woche, oft der Donnerstag, geschlossen. Märkte haben meistens Montag bis Samstag von 6–18 Uhr geöffnet. Die offiziellen Feiertage werden strikt eingehalten, nach den Weihnachtsfeiertagen und Neujahr wird gerne noch ein Ruhetag angehängt.

Jeder Sonntag ist ein Fest

Neben den Familienfeiern lieben Jamaikaner den Karneval, sportliche Wettkämpfe und Konzerte

Einen Grund zum Feiern gibt es jede Woche, wenn es Freitag wird. Abends werden lässig-schicke Kleider angezogen und los geht's. Zuerst zum Lieblings-Jerk-Stand und viel später dann in die Diskothek, zu einer Strandparty oder einem Reggae-Konzert. Wer's ruhiger mag, flaniert umher und geht mit Freunden essen. Freitag und Samstag sind die Ausgehtage auf Jamaika. Der Sonntag gehört der Familie. Man ißt ausgiebig miteinander, fährt an den Strand, lacht, scherzt und vergnügt sich.

Besonders lebhaft geht es Weihnachten zu. Selbst Jamaikaner, die schon lange im Ausland leben, versuchen, die Festtage auf der Insel zu verbringen. Die Flughäfen sind völlig verstopft, die Wiedersehensfreude ist riesengroß. Am Weihnachtsmorgen, am 25. Dezember, trifft sich die Familie zum Frühstück. Nach dem Kirchgang werden die Geschenke verteilt. Abends steigen Raketen wie bei uns zu Silvester auf, und die ganze Nacht ist Partytime.

»Love, peace and truth«

Der Karneval wird auf der ganzen Insel gefeiert. In Kingston geht es besonders hoch her. Ähnlich wie auf Trinidad spielen neben Kostümparaden Musikwettbewerbe eine große Rolle. Kultureller Höhepunkt des Jahres sind die Festivitäten zum Unabhängigkeitstag. Monatelang bereiten im ganzen Land Gemeinden und Schulen Ausstellungen und Theateraufführungen vor, proben für Gesangs-, Musik-, Tanz- und Literaturwettbewerbe.

Viele tausend Besucher aus aller Welt werden jedes Jahr beim (Open-air-Festival) »Sunsplash« in den Bann der wummernden Bässe gezogen. Früher fand das Festival in Montego Bay statt, jetzt wechseln die Austragungsorte. Als Ersatz bekam die Stadt an der Nordküste das Reggae-Sum(mer)fest, das einige Tage später über die Bühne geht. So können manche Gruppen auf beiden Veranstaltungen auftreten.

OFFIZIELLE FEIERTAGE

1. Januar *New Year's Day* (Neujahr),

Keine Nacht ohne Musik: Mento-Band am Strand von Negril

Mittwoch nach Fasching *Ash Wednesday* (Aschermittwoch),
Freitag vor Ostern *Good Friday* (Karfreitag),
Montag nach Ostern *Easter Monday* (Ostermontag),
23. Mai *Labour Day* (Tag der Arbeit),
1. Montag im August *Independence Day* (Unabhängigkeitstag),
3. Montag im Oktober *National Heroes Day* (Tag der Nationalhelden),
25. Dezember *Christmas Day* (Weihnachten),
26. Dezember *Boxing Day* (2. Weihnachtstag)

VERANSTALTUNGEN

Das Fremdenverkehrsamt veröffentlicht jährlich eine Broschüre mit genauen Daten der Feste.

Januar

★ Am 6. und 7. Januar wird mit dem *Maroon Festival* die Unterzeichnung des Friedensvertrages zwischen der Regierung Jamaikas und den Maroons in Accompong (**108/B4–5**) gefeiert. Nach den Zeremonien gibt es ein großes Straßenfest.

Februar

★ Seit 1998 findet der *Reggae Sunsplash* im Februar statt, Ort ist der White River Park in Ocho Rios. Tagelang heizen lokale und internationale Reggae-Stars dem begeisterten Publikum ein. Am 6. Februar, dem Geburtstag Bob Marleys, wird zu seinen Ehren der *Bob Marley Birthday Bash* im Bob-Marley-Museum in Kingston (**115/F3**) gefeiert.

April

★ Der *Jamaica Carnival,* die jamaikanische Variante des karibischen Karnevals, findet meist Anfang des Monats statt. Mehrere Tage lang liefern sich Calypso- und Soca-Bands einen musikalischen Wettstreit. Farbenprächtig kostümierte Musikgruppen und Tänzer paradieren durch Kingston (**115/F3**) und andere Orte.

Juni

Beim Ocho Rios *Jazz Festival* (**110/C2**) jazzen Künstler aus aller Welt eine Woche lang von morgens bis abends: musikalische Frühstücks- und Cocktailpartys, Jazz-Lunch und Jazz-Barbecue – Jazz total ist angesagt.

MARCO POLO TIPS FÜR VERANSTALTUNGEN

1 **Reggae Sunsplash/ Reggae Sumfest**
Weltberühmte Reggae-Festivals mit internationalen Musikern (Seite 28)

2 **Jamaica Carnival**
Kostümparaden und temperamentvolle Musikwettbewerbe (Seite 28)

3 **Independence Day**
Parade und kulturelle Veranstaltungen in Kingston (Seite 29)

4 **Maroon Festival**
Straßenfest in Accompong zum Gedenken an die Unterzeichnung des Friedensvertrages (Seite 28)

August

★ Das Reggae Sum(mer)fest in Montego Bay (**107/E1**) ist inzwischen eine feste Institution im Festkalender. Es ist ein Open-air-Festival, das vier Tage dauert. In den letzten Jahren war es sogar meist besser besetzt und besucht als das Reggae-Sunsplash.

★ Das offizielle Datum des *Independence Day* ist der 6. August. Da die Jamaikaner Feste so lieben, wird der wichtigste Feiertag gleich zweimal zelebriert: am ersten Montag des Monats und am 6. mit zahlreichen kulturellen Veranstaltungen; in Kingston wird der Tag mit einer aufwendigen Parade begangen.

Oktober

In der dritten Oktoberwoche wird inselweit mit kulturellen Veranstaltungen das *Caribbean Heritage Festival* begangen.
Port Antonio (**117/D2**) *Blue Marlin Tournament:* Der traditionsreiche Hochseeangelwettbewerb ist einer der ältesten in der Karibik und gut besucht.

Meet the People

So heißt ein Programm des Tourist Board, das Besucher einlädt, Jamaika von einer ganz privaten Seite kennenzulernen. Sie nennen Ihren Beruf, Ihr Alter, Hobby und einen speziellen Wunsch, was Sie gerne unternehmen möchten. Das Tourist Board organisiert daraufhin ein Treffen, zum Beispiel mit einer jamaikanischen Familie, deren sozialer Status und Interessen den Ihren ähneln. Das kann eine Partie Golf genauso sein wie eine Einladung zu einem Mittagessen. Das Programm ist kostenlos, doch ist ein Gastgeschenk aus dem eigenen Land eine nette Geste. Ein Tip: Jamaikaner lieben Süßigkeiten, besonders gute Schokolade. Meet the People ist kein Eheanbahnungsprogramm. Informationen gibt das Tourist Board oder jedes Hotel.

Hier gefiel es nicht nur Kolumbus

Feine Sandstrände und ein touristisches Allround-Programm locken seit Jahren an die Nordküste

Hellgrüne Teppiche aus Viehweiden und Zuckerrohrplantagen breiten sich entlang der Küste aus, mal schmal, mal breiter. Einzelne Kokospalmen ragen hoch auf, braune Kühe grasen friedlich in ihrem Schatten – eine ungewohnte Kombination für europäische Augen. Im Hintergrund schimmern Büsche und lichte Wälder auf sanften Hügelketten grau- und silbriggrün.

Die Dunns River Falls sind auch bei den Insulanern beliebt, sie picknicken hier gern am Sonntag

Eine Fahrt entlang der Nordküste von Lucea im Westen bis hinter Oracabessa (etwa 180 km) im Osten zeigt den verschwenderischen Umgang der Natur mit der Farbe Grün. Bei Ocho Rios rücken die Hügel dunkel und feucht glänzend dicht an die Küste. Mächtige Bäume mit weit

Hotel- und Restaurantpreise

Hotels

Kategorie L: über US$ 400
Kategorie 1: über US$ 200
Kategorie 2: über US$ 80
Kategorie 3: 50 bis US$ 80

Die Preise gelten für zwei Personen pro Übernachtung im Doppelzimmer ohne Frühstück. All-inclusive-Clubs gehören zur Kategorie L.

Restaurants

Kategorie 1: über J$ 450 (US$ 15)
Kategorie 2: über J$ 200 (US$ 7)
Kategorie 3: bis J$ 200 (US$ 7)

Die Preise gelten für ein Hauptgericht ohne Getränke. Menüs mit mehreren Gängen gibt es nur in Hotels und gehobenen Restaurants.

Wichtige Abkürzungen

Av.	Avenue	**Rd.**	Road
Bd.	Boulevard	**St.**	Street
Pl.	Place	**J$**	Jamaikanischer Dollar

MARCO POLO TIPS FÜR DEN NORDEN

1 **Rose Hall Great House**
Imposantes Herrenhaus mit gruseliger Vergangenheit (Seite 34)

2 **Good Hope Great House**
Das Herrenhaus inmitten einer Plantage ist heute Hotel (Seite 38)

3 **The Native**
Selten findet sich eine solche Auswahl an jamaikanischen Spezialitäten (Seite 36)

4 **Dunns River Falls**
Den Wasserfall bei Ocho Rios hinaufzuklettern ist ein Muß (Seite 40)

5 **Villa Firefly**
Nicht nur ein »Zimmer mit Aussicht«, sondern ein ganzes Haus (Seite 44)

6 **Runaway Caves und Green Grotto Cave**
Tropfsteinhöhlen und in ihrer Finsternis ein See (Seite 45)

ausladenden Kronen recken sich über dichte Farne und Pflanzen mit großen, fleischigen Blättern.

Im Hinterland zwischen Montego Bay und Discovery Bay schuf Erosion eine bizarre Karstlandschaft vom Aussehen eines überdimensionalen, grünen Eierkartons – das *Cockpit Country*. Es ist das Land der Maroons, Nachfahren freigelassener Sklaven, die bis heute in dieser schwer zugänglichen Gegend ihren autonomen Status bewahren konnten.

Der Norden Jamaikas ist touristisch am besten erschlossen. Kilometerlange Strände finden sich hier nicht, aber immer wieder wechseln sandige Buchten mit felsiger Küste ab. Zieht es die Golfer zu den ausgedehnten Plätzen rund um Montego Bay, so ist Ocho Rios Anlaufpunkt für Kreuzfahrer und Liebhaber eines unterhaltsamen, komfortablen Urlaubes amerikanischen Zuschnitts. Auf Spielautomaten und Fast food muß hier niemand verzichten.

1494 landete Kolumbus an der Nordküste, und in St. Ann's Bay wurde die erste Stadt, Sevilla la Nueva, errichtet. In der Nähe unterlagen die Spanier eineinhalb Jahrhunderte später den Briten in der blutigsten Schlacht um die Herrschaft über Jamaika. Historische Zeugnisse dieser Epoche blieben kaum erhalten. Einige stolze Herrenhäuser der britischen Zuckerbarone dagegen, die bis Mitte des 19. Jhs. Herrscher über riesige Ländereien sowie über Leben und Tod Tausender Sklaven waren, wurden renoviert und sind zu besichtigen.

Ausgedehnte Plantagen – vor allem im Küstengebiet – werden noch heute intensiv bewirtschaftet, Kokospalmen, Zuckerrohr, Mango und Papaya bevorzugt angebaut. Weiter oben in den Hügeln liegen verstreut die Dörfer der Landbevölkerung. Sie muß sich vom Ertrag der kleinen Felder in oft schwer zugänglichem Gelände ernähren. Der meist kleine Besitz gibt gerade das

Nötigste her: Bananen, Yams und ein paar Früchte wachsen rund um die Hütte. Ziegen, die fast überall entlang der Straßen zu sehen sind, liefern Fleisch. Ein karges Auskommen. Kein Wunder, daß der Traum vieler Jugendlicher von einem leichten Leben als Reggae-Star die Städte, vor allem Kingston, immer noch wachsen läßt.

Die Nordküste erscheint verhältnismäßig wohlhabend. Tourismus und Bauxit tragen dazu bei. Doch auch in Montego Bay gibt es Slums, in denen Menschen ohne Wasseranschluß in barackenähnlichen Hütten hausen müssen. Auf dem Land herrscht nach wie vor große Armut.

MONTEGO BAY

☛ **Stadtplan in der hinteren Umschlagklappe**

(**107/E1**) Der Sir Donald Sangster International Airport ist für die meisten Besucher das Tor zu Jamaika. Die Spannung beim Anflug wächst, wenn zwischen Wolkenfetzen die grüne Küstenlinie mit schmalen Streifen hellen Sandes auftaucht und das dunkle Blau des Ozeans in Türkis übergeht. Weiter westlich rückt ein Meer von Häusern ins Blickfeld und zieht sich hinauf in die Hügel. MoBay, wie die Jamaikaner ihre zweitgrößte Stadt kurzerhand nennen, ist keine künstliche Urlauberenklave. Mehr als 92 000 Jamaikaner leben hier. *Downtown*, das quirlige Stadtzentrum, ist eine Mischung aus alt und neu, modernen Betonhäusern und einfachen Holzhütten, mit verstopften Straßen, vielen kleinen Läden, noch mehr fliegenden Händlern und wenigen historischen Gebäuden aus den Gründerjahren des 18. Jhs.

Wie in jeder Stadt ist es unangebracht, in Strandkleidung auf Sightseeing-Tour zu gehen oder die eigene finanzielle Überlegenheit zur Schau zu stellen. Am Abend sollte man beim Besuch der Restaurants in *downtown* nicht noch einen Spaziergang machen, sondern den meist angebotenen

Montego Bay an der Nordküste ist die zweitgrößte Stadt Jamaikas

Shuttle-Dienst der Lokale nutzen oder ein Taxi nehmen.

Auch wenn es in *downtown* nicht danach aussieht, Tourismus ist die wichtigste Einnahmequelle der Stadt und MoBay das größte Urlaubszentrum an der Nordküste. Die meisten Hotels liegen in Flughafennähe. Die Lebensader, die *Gloucester* und in ihrer Fortsetzung die *Kent Avenue* mit ihren Restaurants, Bars, Läden werden kurz *hip strip* genannt. Leuchtreklamen à la Las Vegas, klimatisierte Automaten-Spielhallen und klimatisierte Bars amerikanischen Zuschnitts ziehen vor allem während des Spring Breaks im Frühjahr junge Amerikaner an. Eine Etage höher, an der »Top Road«, dem *Queen's Drive,* reihen sich vor allem Hotels aneinander.

Dreh- und Angelpunkt am Tage sind die Strände *Cornwall* und *Doctor's Cave.* Zwar beengen Hotelbauten diesen einst berühmtesten Strand Jamaikas, doch noch immer ist er bei Einheimischen und Touristen gleichermaßen beliebt. Wer hierher geht, weiß bald, welches Restaurant und welche Bar gerade in ist.

Etliche Kilometer außerhalb liegen die Luxushotels, von denen gleich mehrere zu den besten der Karibik gehören. In ihrer Nachbarschaft geht das Grün der Weiden harmonisch in die Greens der vier Golfplätze über, die die Herzen der Liebhaber dieses Sportes höherschlagen lassen.

Jährlich Ende Juli/Anfang August beweisen jamaikanische und internationale Stars während des Reggae Sumfestes, das inzwischen populärer als das Sunsplash-Festival ist, wie lebendig der Reggae auch nach Bob Marley ist.

BESICHTIGUNGEN

Die Stadt selbst hat an Sehenswürdigkeiten nicht allzuviel zu bieten. Das *Townhouse* und die *St. James Parish Church* aus dem 18. Jh., beide in der *Church St.,* lohnen einen Besuch. Lebhaftes Zentrum von *downtown* ist der *Sam Sharpe Square,* dem gleichnamigen Nationalhelden gewidmet. Sharpe führte 1831/32 einen Sklavenaufstand an und wurde auf diesem Platz gehängt. Eine Gruppe von modernen Bronzefiguren der jamaikanischen Künstlerin Kay Sullivan erinnert an ihn.

Bellfield Great House & Restaurant

Die Plantage der Barnetts war einst eine der größten im Gebiet von MoBay. Das Great House (Herrenhaus) strahlt heute wieder eine hochherrschaftliche Atmosphäre aus. Die Besichtigung vermittelt einen guten Eindruck von der Lebensweise der Zuckerbarone im 18. Jh. Eine Stärkung mit jamaikanischen Speisen im Restaurant *(Kategorie 1)* runden einen gelungenen Ausflug ab. *Tgl. 9 bis 23 Uhr, Eintritt US$ 10, Bellfield St.*

The Cage

An die Zeit, als Sklaven wie Vieh auf den Plantagen der Weißen schufteten, erinnert der »Käfig«. Das kleine Gebäude, aus dicken Steinquadern errichtet, diente als Verlies für entlaufene Sklaven. *Sam Sharpe Square*

MUSEUM

Rose Hall Great House

★ Das imposante Herrenhaus wurde zwischen 1770 und 1780 erbaut und Ende der 60er Jahre

Spuk und Wahrheit liegen im Rose Hall Great House dicht beieinander

dieses Jhs. mit großem Aufwand renoviert. Heute ist es die bedeutendste Sehenswürdigkeit im Raum von Montego Bay. Die einzelnen Räume wurden möglichst authentisch wiederhergestellt. Die Geschichte der grausamen Annie Palmer, als »weiße Hexe« bekannt und des Voodoo-Kultes mächtig, macht den Besuch richtig spannend. Annie Palmer ermordete im 18. Jh. gleich drei Ehemänner sowie mehrere Sklaven und spukt seitdem durchs Haus. *Tgl. 9–18 Uhr, Eintritt US$ 15, an der Hauptstraße nach Falmouth, etwa 14 km außerhalb von MoBay*

RESTAURANTS

Von Nouvelle Cuisine bis zum Hamburger an der Ecke reicht die Palette der Restaurants. Wer vornehm, international und überwiegend in weißer Gesellschaft speisen will, der schaut sich am besten in den Restaurants der First-class-Hotels wie Half Moon oder Round Hill um. Doch lohnt es auch, am Abend in einem der Restaurants in der Stadt zu speisen. Als Gast wird man meist gerne abgeholt.

Baba Joes Calabash Hut

Der schmale Streifen zwischen dem Rollfeld des Flughafens und dem Meer heißt *White House*, das Viertel der Fischer. Das Restaurant des sympathischen Baba Joes besteht aus ein paar Tischen und Bänken, die, in den Rasta-Farben gestrichen, unter schattigen Bäumen am Strand stehen. In einer Wellblechhütte auf der anderen

Straßenseite wird fangfrischer Fisch zubereitet. Bei Jamaikanern sehr beliebt. *Tgl. 10–22 Uhr, White House Road, Kategorie 3*

Day-O Plantation

Der jamaikanische Musiker Paul Hurlock taufte sein Restaurant nach dem berühmten Ohrwurm von Harry Belafonte. Als Teil einer alten Plantage liegt es außerhalb von MoBay in den üppig grünen Hügeln. Allabendlich spielt Hurlock zum Dinner auf. Große Fenster und viel Holz sorgen für eine lichte Atmosphäre. Auf der Speisekarte stehen Gerichte der gehobenen jamaikanischen und internationalen Küche. Shuttle-Service. *Di–So 18–23 Uhr, 1 Fairfield Main Rd., St. James, Tel. 952/18 25, Kategorie 1*

The Native

★ Gespeist wird unter freiem Himmel auf einer schön gestalteten Terrasse oberhalb der lebhaften Gloucester Avenue. Geboten wird eine große Auswahl jamaikanischer Spezialitäten, darunter auch einige wie zum Beispiel Oxtail and Broad Beans, die selten eine Speisekarte zieren. Freitags und sonntags zum Lunch gibt's ein jamaikanisches Büffet. *Tgl. 7.30–22 Uhr, 29 Gloucester Av., Tel. 979/27 69, Kategorie 2*

Pork Pit

Der Klassiker unter den Jerkfood-Restaurants. Man holt sich sein zerlegtes Hähnchen oder Schwein selbst am Schalter, gegessen wird auf der Terrasse an rustikalen Tischen und Bänken. Beliebt bei Jamaikanern und Besuchern. *Tgl. 10–23.30 Uhr, 27 Gloucester Av., Tel. 952/10 46, Kategorie 3*

Townhouse

Das Restaurant hat sein Quartier in einem historischen Backsteinhaus mit dem Entstehungsdatum 1765 mitten in Downtown von Montego Bay. Gespeist wird an elegant gedeckten Tischen im rustikalen Untergeschoß und draußen auf der Terrasse. Die Wände bestehen aus Fachwerk. Lokale und internationale Gerichte. Shuttle-Service. *Tgl. 11–16 und 18–22 Uhr, 16 Church St., Tel. 952/26 60, Kategorie 1*

EINKAUFEN

Souvenirs werden an allen touristisch interessanten Plätzen und auf dem Crafts Market am Howard Cooke Bd. angeboten. In der *Gallery of West Indian Art* werden Gemälde jamaikanischer Künstler, Schnitzereien, Drucke und Kunsthandwerk verkauft. *1 Orange Lane*

HOTELS

Montego Bay verfügt über eine große Zahl von Unterkünften in allen Kategorien. Lange Transferzeiten entfallen wegen der Nähe zum Flughafen. Die zahlreichen Luxushotels liegen westlich und östlich außerhalb der Stadt an eigenen Stränden. Den Raum zwischen *downtown* und dem Flughafen teilen sich in erster Linie kleinere Hotels und Pensionen.

Coyaba

Das Hotel hat ein stilvolles Ambiente für einen ruhigen, luxuriösen Urlaub. Es liegt im Osten außerhalb des Ortes direkt am Meer. Schöner Swimmingpool am kleinen Sandstrand, Tennisplatz,

Wassersportmöglichkeiten, Golfplatz in unmittelbarer Nähe. Das Restaurant bietet eine hervorragende Küche. *50 Zi., Mahoe Bay, Little River P. O. St. James, Tel. 953/91 50, Fax 953/22 44, Kategorie 1–2*

El Greco
Das neue Apartment-Hotel liegt oberhalb der lebhaften Gloucester Av., zu der ein Aufzug hinunterführt – somit sind auch die Strände bequem zu erreichen. Alle freundlich eingerichteten Ein- und Zweizimmersuiten verfügen über eine kleine Küche, TV, Klimaanlage und einen Balkon. Swimmingpool, 2 Tennisplätze. *96 Zi., 11 Queens Drive, P. O. Box 16 24, Tel. 940/61 16, Fax 940/61 15, Kategorie 2*

Lethe Estate
Zirka 30 Minuten von Montego Bay entfernt liegt dieses geschmackvolle Guesthouse im Kolonialstil an den Ufern des Great River. Hier kann man reiten, im Fluß oder im Pool schwimmen oder einfach nur die freundliche Atmosphäre des ländlichen Jamaikas genießen. Mit Restaurant. *15 Zi., P. O. Box 93, Tel. 956/49 20, Fax 956/49 20, Kategorie 2*

Relax Resort
Die neue Anlage liegt oberhalb des Flugplatzes, zehn Gehminuten vom touristischen Zentrum entfernt, mit Blick auf die Küste. Zu den Stränden gibt es einen Shuttle-Service. Die Zimmer bzw. Apartments (ideal für Familien) mit Balkonen sind großzügig und freundlich eingerichtet. Zur Anlage gehören Restaurant und Swimmingpool. *41 Zi., 26 Hobbs Av., White Sands Beach P. O., Tel./Fax 952/72 18, Kategorie 3*

Round Hill Hotel & Villas
Westlich der Stadt in einem weitläufigen Park liegt die luxuriöse und sehr persönlich geführte Anlage. Zwischen Felsen eingebettet schmiegt sich der kleine Sandstrand. Zur Wahl stehen Zimmer in einem zweistöckigen Gebäude am Meer oder in einer der 27 individuell eingerichteten, schneeweißen Villen. Wer hier wohnt, bekommt das Frühstück von den Hausmädchen zubereitet. Die Häuser liegen am Hang über der Bucht und haben zum Teil eigene Swimmingpools. Großes Sportangebot. *110 Zi., P. O. Box 64, Tel. 956/70 50, Fax 956/75 05, Kategorie 1–L*

Wexford Court Hotel
Das Hotel ist kein Schmuckstück, doch es liegt sehr zentral zu den Stränden; das Nachtleben ist gut zu Fuß zu erreichen. *61 Zi., P. O. Box 108, 39 Gloucester Ave., Tel. 952/28 54, Fax 952/36 37, Kategorie 3*

SPIEL UND SPORT

Golf
Half Moon Golf Club, Tel. 953/31 05; Ironshore Golf & Country Club, Tel. 953/28 00; Tryall Golf Tennis & Beach Club, der Meisterschaftsplatz der Insel, *Tel. 956/56 81;* ein vierter Golf-Club ist *Wyndham Rose Hall Country Club, Tel. 953/26 50 oder 953/26 55.*

Hochseeangeln
Am Pier 1 warten einige Yachten auf Hochseeangler, so die *Rhapsody, Tel. 979/01 04,* und die *Seaworld, Tel. 953/21 88.*

Strände

Die schönsten Strände liegen außerhalb des Ortes, gehören zu Hotelanlagen und stehen nur deren Gästen offen. In der Stadt gibt es drei öffentliche Strandbäder. Sie bieten für eine geringe Eintrittsgebühr gepflegten Sand, Umkleidekabinen, Duschen und ein unterschiedliches Angebot an Wassersportmöglichkeiten sowie eine Bar. Straßenhändler müssen draußen bleiben.

Cornwall, tgl. 9–17 Uhr; *Doctor's Cave,* der Klassiker ist inzwischen von Hotelneubauten eingekeilt. Doch noch immer gilt er als beliebter Treffpunkt von Jamaikanern und Touristen. *Tgl. 8.30–17 Uhr, im Sommer bis 18 Uhr; Walter Fletcher Beach* ist der weitläufigste und natürlichste Strand in der Stadt, *tgl. 9–17 Uhr.*

Submarine und Tauchen

Mobay UnderSea Tours startet täglich zu Touren in den Marinepark von Montego Bay. Die großen Glasscheiben des Semi-U-Bootes erlauben einen guten Einblick in die farbenprächtige Unterwasserwelt. *Gloucester Av., neben Margueritaville, Tel. 940/44 65. Poseidon Divers* unter holländischer Leitung bietet Tauchausflüge an, *Gloucester Av., Margueritaville, Tel. 952/47 77.*

AM ABEND

Margueritaville

Der heißeste Spot in Town lädt tagsüber ein zum Badespaß mit der über 30 Meter langen Wasserrutsche. Abends wird die Bar mit mexikanischem Touch und Fernsehmonitoren zum Szene-Treff. *Tgl. 10–3 Uhr, Gloucester Av.*

Pier 1

Freitag abends verwandelt sich der hölzerne Bootsanleger in eine Open-air-Diskothek. Nach Mitternacht erreicht die Stimmung ihren Höhepunkt. *Ab 22 Uhr*

Planet X

Die Diskothek im Bistrostil bietet samstags um 22.30 Uhr eine Live-Show. *Mi–Sa ab 21 Uhr, Half Moon Shopping Village*

AUSKUNFT

Jamaica Tourist Board

Mo-Fr 8.30-16.30 Uhr und Sa 9 bis 13 Uhr, am Flughafen tgl. 9–21 Uhr, Tel. 952/44 25, P. O. Box 67, Cornwall Beach

ZIELE IN DER UMGEBUNG

Falmouth (108/B-C1-2)

Die Küstenstraße Richtung Osten führt durch flaches Weideland. Weiter landeinwärts erheben sich Hügel, mit struppigem Wald bewachsen. *Falmouth* (8100 Ew.) ist nach 37 km der erste größere Ort, ein pulsierender Marktflecken. Entlang der schier unendlichen Durchgangsstraße mit einigen schönen, allerdings sehr renovierungsbedürftigen, georgianischen Holzhäusern herrscht geschäftiges Treiben.

Gut eine halbe Stunde dauert die Fahrt auf der schlechten Straße am rechten Ufer zum ★ *Good Hope Great House.* 1755 im georgianischen Stil erbaut, wurde das Herrenhaus hervorragend renoviert und ist heute ein luxuriöses, kleines Hotel. Besucher können gerne, wenn es die Hotelgäste nicht stört, einen Blick hineinwerfen. *10 Zi., P. O.*

Good Hope Great House

Box 50, Falmouth, Tel. 954/32 89, Fax 979/80 95, Kategorie 2

Fisherman's Inn liegt kurz hinter Falmouth Richtung Ocho Rios am Meer. Ein großer Steg rund um den Pool dient tagsüber als Liegefläche, abends als Restaurantplattform. *12 Zi., Falmouth P. O., Tel. 954/34 27, Fax 954/ 40 78, Kategorie 3*

Nur einen Katzensprung weiter, nahe des Trelawny Resorts, liegt *Time 'n' Place on the beach,* eine Bambushütte am Strand, die alle Zutaten für ein Karibikidyll liefert, *tgl. etwa 11–22.30 Uhr, Kategorie 3.*

Lucea **(106/C2)**
In westlicher Richtung von Mo-Bay, auf halber Strecke nach Negril, liegt Lucea (5700 Ew.), »Luzi« ausgesprochen. Das Ortszentrum mit einem großen Markt erstreckt sich entlang einer tiefeingeschnittenen Bucht. Das Gerichtsgebäude aus dem 19. Jh. kam per Zufall zu seiner großen Turmuhr, hergestellt 1817. Eigentlich sollte sie als Geschenk des deutschen Kaisers oder eines deutschen Großgrundbesitzers die Karibikinsel St. Lucia erreichen. Doch durch ein Versehen wurde sie nach Lucea geliefert. Den Stadtvätern gefiel sie so gut, daß sie sie behielten. Vom Fort Charlotte sind nur kümmerliche Reste übriggeblieben. Ein einfaches Hotel bietet Quartier: *18 Zi., West Palm Hotel, Fort Charlotte. P. O. Box 107, Tel. 956/23 21, Kategorie 3.*

OCHO RIOS

☛ **Stadtplan in der hinteren Umschlagklappe**

(110/C2) Eine Bucht mit blauem Meer gefüllt und umlegt mit einem Halbkreis aus weißem Sand – als hätte die Natur begonnen, ein riesiges O zu formen und nach der Siesta vergessen, es zu vollenden. Auf der Landzunge ragen zwei Häusergiganten in den Himmel. Den unteren Rand der Bucht beherrschen vier kleinere Türme. Das Hotel *Jamaica Grand* und die *Turtle Towers* sind die Wahrzeichen von Ocho Rios (16 300 Ew.), kurz Ocho genannt. Am linken Rand der Bucht verschnaufen an den meisten Tagen im Jahr ganz andere Kolosse: Ocho Rios ist das Kreuzfahrt-Ziel Nummer eins der Insel – was der Stadt nur recht ist.

Die Stadt breitet sich vor allem östlich des zentralen Kreisverkehrs aus, der die Küstenstraße mit der Hauptverkehrsader nach Kingston verbindet. Steil ansteigende Hügel, dicht mit tropischem Wald bewachsen, verhindern eine Ausdehnung nach Süden. Knapp 110 km von Montego Bay und knapp 90 km von Kingston entfernt, ist Ocho von beiden internationalen Flughäfen gut zu erreichen.

Der ehemals kleine Fischerort wurde seit den 60er Jahren bewußt als Ferienziel ausgebaut, der Strand künstlich durch Ausbaggern aufgeworfen. Ein Hotel nach dem anderen schoß aus dem Boden. Restaurants, Shoppingzentren für den Duty-free-Einkauf der Kreuzfahrer entstanden. Rund um den türkisfarbenen »Big Ben« und den Markt hat man am ehesten den Eindruck, auf Jamaika und nicht sonstwo auf der Welt zu sein.

Der Strand von Ocho ist zwar lang, trotzdem meistens überfüllt. Zu den Gästen der Betten-Burg Jamaica Grand kommen noch viele aus den anderen Hotels, die nicht direkt am Strand liegen, dazu. Die schöneren Unterkünfte stehen entlang der Küste Richtung Osten an kleineren Buchten. In die Stadt fährt man zum Bummeln, Essen und Hotten. Doch Achtung: Die Entfernungen sind nicht gering und die Taxipreise hoch.

Sehenswert in Ocho Rios ist die überaus grüne Umgebung. An vielen Stellen stürzt Wasser aus den Bergen zu Tale. Die berühmtesten Wasserfälle sind die *Dunns River Falls*. Botanische Gärten laden zu Besuchen ein. Diese Oasen der Ruhe zeigen Jamaika von seiner schönsten Seite.

BESICHTIGUNGEN

Coyaba River Garden

Während der Führung durch die gepflegte botanische Anlage lernt man die Namen der Gewächse, schnuppert ihren Duft, beobachtet die Fische in den Weihern, genießt die beschauliche Ruhe des Ortes. Ein kleines Museum gibt einen Einblick in die Welt der Ureinwohner, der Arawaks. *Tgl. 8.30–17 Uhr, Eintritt US$ 4,50, oberhalb der Shaw Park Botanical Gardens*

Dunns River Falls

★ 200 Meter tief stürzt der Dunns River in vielen Stufen ins Meer hinab. Die Attraktion der Fälle, die schlichtweg als die Hauptsehenswürdigkeit Jamaikas gelten, liegt in der Anordnung der Stufen. Selbst Unsportliche können unter Führung eines Ein-

Bauxit

Bereits im 19. Jh. war bekannt, daß es auf Jamaika diesen für die Aluminiumherstellung notwendigen Rohstoff gab. Er wird aus der roten Erde verwitterter Kalksteinböden gewonnen. Doch erst nach dem Zweiten Weltkrieg begann die industrielle Förderung des fünftgrößten Bauxitvorkommens der Erde. 1952 exportierten die Reynolds Jamaica Mines Ltd., Tochter einer amerikanischen Firma, das erste Mal gebranntes Erz. Ein Jahr später folgte die Ausfuhr von Tonerde durch die Alumina Jamaica Ltd., Tochter eines kanadischen Unternehmens. 1972 wurden 15 Millionen Tonnen Bauxit gefördert, gegenwärtig jährlich etwa elf Millionen Tonnen. Bedingt durch den Preisverfall auf dem Weltmarkt bringt der Bauxitabbau nicht mehr die hohen Gewinne der ersten Jahre.

heimischen die Fälle erklimmen. Am besten läßt man alles, was naß werden könnte, draußen vor den Pforten. Denn bei den zu mietenden Depotfächern wird richtig hingelangt. Eine sehr touristische Angelegenheit, aber am Sonntag besuchen auch Jamaikaner gerne die Fälle und picknicken am Sandstrand an der Mündung des Flusses. *Tgl. 9 bis 17 Uhr, Eintritt US$ 6, kurz hinter der Stadt Richtung Montego Bay*

Irie Beach

Mal was anderes: ein Strand an einem Fluß, mit kleinem Wasserfall, daneben ein Restaurant. Entspannte Atmosphäre mit tropischem Flair. *Tgl. 9–17 Uhr, Eintritt 6 US$, oberhalb der Stadt, am White River abbiegen und den Schildern folgen*

Shaw Park Botanical Gardens

Früher lag hier das Shaw Park Hotel, das jetzt unten am Strand zu finden ist. Geblieben ist ein herrlicher, zum Teil verwunschener Garten mit altem Baumbestand, tropischen Pflanzen, Blumen, Vögeln, einem Wasserfall und der schönsten Aussicht auf die Bucht von Ocho Rios. *Tgl. 9–17 Uhr, Eintritt US$ 4, oberhalb der Stadt, man folge zunächst der Ausfahrtsstraße nach Kingston, dann den Schildern*

RESTAURANTS

Almond Tree

Direkt über dem Meer unter alten Mandelbäumen werden internationale und jamaikanische Gerichte geboten. Wenn Jamaikaner etwas zu feiern haben, gehen auch sie gerne hierher. Der Service ist bewundernswert flink, besonders wenn ein Tropenguß zum Umzug ins Innere des Restaurants zwingt. *Tgl. 12 bis 14.30 Uhr, 18–22 Uhr, Hotel Hibiscus Lodge, 83 Main St., Tel. 974/28 13, Kategorie 1–2*

Evita's

Am Hang oberhalb der Stadt liegt dieses italienische Restaurant. Das 1860 erbaute Haus diente schon früher als Gasthaus. Chefin Evita sorgt persönlich mit südländischem Charme für ihre jamaikanischen und ausländischen Gäste. An der gemütlichen Bar wartet man gerne, bis der vorbestellte Tisch, am besten draußen auf der Terrasse, frei wird. Die Sicht aufs nächtliche Ocho Rios ist schön. Die Küche bietet Norditalienisches mit jamaikanischem Einschlag, Pasta ist Trumpf, daneben gibt es Fleisch- und Fischgerichte. *Tgl. 11–23 Uhr, Eden Bower Rd., kurz vor dem Hotel Enchanted Garden, Tel. 974/23 33, Kategorie 1–2*

Fresh Cafe

Mitten im Zentrum versteckt sich ein Kleinod echt jamaikanischer Küche. Im ersten Stock – man suche nach dem Treppenaufgang mit grünem Grasteppichboden! – befindet sich ein heller, schlichter Gastraum. Die Atmosphäre ist familiär, die Tagesgerichte sind auf einer Tafel angeschlagen. Das Hühnchen sucht seinesgleichen. Serviert wird Frühstück und Lunch. *Mo–Sa 7–16.30 Uhr, 60 Main Street, gegenüber Little Pub, Kategorie 3*

Ocho Rios Jerk Centre

Das Herz dieses Jerk-Restaurants schlägt an der großen Bar.

Hier ist immer was los. Jerk food wird, ganz untypisch, am Tisch serviert. Die Qualität ist gut, das Ambiente rustikal. *Tgl. 10–24 Uhr, Da Costa Drive, Tel. 974/25 49, Kategorie 3*

EINKAUFEN

Eine Alternative zu den Duty-free-Shops in der Stadt und dem Craft Market, die sich hauptsächlich auf Bedürfnisse der Kreuzfahrt-Touristen einrichten, ist *Harmony Hall.* Diese Kunstgalerie in einer schönen Villa aus dem 19. Jh. liegt etwa sechs km östlich von Ocho *(tgl. 10–18 Uhr).* Sehr einladend ist auch The Café *(tgl. 10–22 Uhr),* das auch einen Abholservice zum Dinner anbietet. Das Sortiment des Plattenladens *De Muzikshop, Burger King Plaza,* ist immer up to date.

HOTELS

Coral Cay

Etwa sechs km außerhalb der Stadt liegen die drei rosafarbenen Villen in einem Garten am Meer. Die einladende Anlage hat eine winzige Sandbucht, eine große Rasen-Liegefläche, Swimmingpool, Fitneßgeräte. Jedes Zimmer verfügt über einen großen Balkon/Terrasse mit Meerblick. Pro Villa gibt es ein Wohnzimmer, eine große Küche und eine Köchin. *14 Zi., Tower Isle, Tel. 975/ 42 39 oder 926/83 11, Fax 929/ 79 36 oder 975/52 89, Kategorie 2*

Dalcrue Villas

Mitten in einem besseren Wohngebiet der Stadt liegt das Gästehaus der Eva Brown. Jedes der einfachen, freundlichen und geräumigen Zimmer hat eine

Hotel- und Wohntürme, die modernen Wahrzeichen von Ocho Rios

Kochnische und TV. Zum Strand sind es etwa 20 Gehminuten, ins Zentrum nur zehn. *6 Zi., 5 Dalcrue Pl., Buckfield, Tel. 974/23 57, Kategorie 3*

Grand Lido Sans Souci
Gut in die Klippenlandschaft fügt sich die pastellfarbene All-inclusive-Anlage, bestehend aus einem Hauptgebäude und einem weiteren Komplex hinter der Strandbucht. Erfreuen kann man sich an einer hervorragenden Gastronomie, gemütlichen Zimmern und Suiten; zahlreiche Sportmöglichkeiten, u.a. Golf auf dem Platz in Runaway Bay, Tennis, Tauchen im Nachbarhotel und ein Gesundheitszentrum. Musiker verzaubern am Tage und am Abend mit klassischen und jamaikanischen Klängen nicht nur japanische Flitterwöchner. *147 Zi., P.O. Box 103, White River, Tel. 994/13 53, Fax 994/15 44, Kategorie L*

Hibiscus Lodge
Beinahe noch im Zentrum liegt dieses nette, mittelgroße Strandhotel. Die zweckmäßigen Zimmer sind oberhalb des Meeres in verschiedenen Gebäuden untergebracht. Alle haben Balkon, viele Meerblick. Swimmingpool und Sonnendeck befinden sich oberhalb des schmalen Sandstrandes. Ideal für jene, die in der Stadt bummeln wollen und gern vor Ort essen: Das hervorragende Almond Tree Restaurant ist im Haus. *26 Zi., P.O. Box 52, 83 Main St., Tel. 974/26 76, Fax 974/18 74, Kategorie 2*

Jamaica Inn
Auf Tradition und Stil wird in diesem individuell gestalteten Hotel der Nobelklasse viel Wert gelegt. Die Anzahl des Personals übersteigt die der Gäste. Die Zimmer in den verschiedenen Gebäuden sind geschmackvoll im Kolonialstil mit Antiquitäten eingerichtet. Viele haben große Wohnterrassen. Der private Strand ist weiß, breit und garantiert nie überfüllt. *45 Zi., St. Main Street, St. Ann, P. O. Box 1, Tel. 974/ 25 14, Fax 974/24 49, Kategorie 1*

Rio Blanco
Die geräumigen Zimmer und Studios sind auf mehrere Gebäude verteilt. Die Anlage ist großzügig, der Strand über einen Fußweg entlang des White River in wenigen Minuten zu erreichen. Mit Pool, Restaurant, die Studios mit Küchen ausgestattet. *60 Zi., Tel. 994/18 80, Fax 994/ 10 49, Kategorie 2–3*

Shaw Park Beach Hotel
Der Vorzug dieser etwas in die Jahre gekommenen Anlage ist die schöne Lage direkt am Strand und das große Wassersportangebot. *118 Zi., P. O. Box 17, Cutlass Bay, Tel. 974/25 52, Fax 974/ 50 42, Kategorie 2*

SPIEL UND SPORT

Golf
Sandals Golf & Country Club liegt hoch in den Hügeln. Ambitionierte Spieler fahren ins knapp 30 km entfernte Runaway Bay, *Tel. 975/01 19*

Mountainbiking
Rund 34 km lang ist die organisierte Fahrradtour, die in den Bergen im Norden beginnt. *Blue Mountain Bike Tours, Di–Sa, Tel. 974/70 75*

Strände

Die schönsten Strände liegen außerhalb und sind den Hotelgästen vorbehalten. *Bay Beach* oder *Turtle Beach* heißt der größte Strand in der Stadt. Er verläuft von der Ortsmitte bis zum Wahrzeichen von Ocho Rios, dem Hotelzwitter *Jamaica Grand,* am Ende der Bucht. Er ist gepflegt, sehr voll, Straßenhändler haben keinen Zutritt, das Wassersportangebot ist groß *(tgl. 6–18 Uhr). Fisherman's Beach* ist viel kleiner als der benachbarte Bay Beach, er wird eher von Jamaikanern genutzt. An der Mündung des White River findet sich ein schöner Sandstrand, der bis zum Shaw Park Beach Hotel reicht.

An der Bay Beach und beim Shaw Park Beach Hotel werden verschiedene Wassersportarten angeboten.

Tauchen

Resort Divers, Island (Burger King) Plaza, Tel. 974/53 38

AM ABEND

The Acropolis, Diskothek, *Do–So ab 22 Uhr, 70 Main St.; Silks Disco* im Shaw Park Beach Hotel und *Jamaica Me Krazy* im Jamaica Grand Hotel sind Klassiker des Nachtlebens.

AUSKUNFT

Jamaica Tourist Board

P. O. Box 240, Mo–Fr 8.30–16.30 Uhr, Sa 9–13 Uhr, Tel. 974/25 70, Ocean Village Shopping Center

ZIELE IN DER UMGEBUNG

Ocho Rios scheint Richtung Osten kein Ende nehmen zu wollen. Hotels reihen sich aneinander, und Villen verstecken sich in malerischer Umgebung. Dazwischen gibt es wenige freie Abschnitte. Den schönsten Überblick über diesen überwiegend felsigen Küstenstreifen mit dichter tropischer Vegetation bekommt man vom Wasser aus **(110/C2)**.

Oracabessa (111/D3)

Kurz vor *Oracabessa,* der nächsten kleinen Ortschaft, liegt *Boscobel Beach,* ein All-inclusive-Ferienclub für Familien. An Aktivitäten für kleine und ganz große Kinder herrscht in diesem lebhaften Club kein Mangel. *207 Zi., P. O. Box 65, Ocho Rios, Tel. 975/73 31, Fax 975/73 70, Kategorie L*

Auf einem über 300 m hohen Plateau kurz hinter Oracabessa liegt die für Noel Coward erbaute ★ *Villa Firefly.* Der vielseitige englische Schauspieler, der auch dichtete, malte, komponierte, verbrachte die letzten 20 Jahre seines Lebens auf Jamaika. Seit seinem Tod 1973 wurde im Haus so wenig wie möglich verändert. Eine Videoschau informiert über sein Leben. Atelier und Wohnräume sind zu besichtigen. Der Blick aus dem Arbeitszimmer inspirierte ihn zu dem Lied »A Room With a View«. In der Tat ist es neben den persönlichen Dingen Cowards vor allem die Lage der Villa, die einen Besuch lohnt. *Tgl. 9–17 Uhr, Eintritt US$ 10, P. O. Box 38, Port Maria.*

Noel Cowards erstes Haus weiter unten am Meer heißt *Blue Harbour.* Nach seinem Umzug nach Firefly diente es als Gästehaus. Heute werden die Zimmer im Haupthaus und in zwei kleinen Villen vermietet. Sie sind nicht gerade luxuriös, haben aber einen ganz besonderen Charme. *7 Zi., P.O. Box 50, Port Maria, Tel. 994/02 84, Fax (USA) 001-505-586-12 44, Kategorie 2*

Seville Great House **(110/B2)**
Rund 11 km westlich von Ocho Rios steht das Plantagenhaus auf geschichtsträchtigem Grund. Hier siedelten schon die Spanier und Arawaks, die indianischen Ureinwohner. Zu sehen sind eine Ausstellung im Haus und auf dem Gelände die Ruinen diverser Wirtschaftsgebäude. *Tgl. 9 bis 17 Uhr, Eintritt 4 US$, St. Ann's Bay*

RUNAWAY BAY UND DISCOVERY BAY

(109/F1+E1) Zwischen Montego Bay und Ocho Rios liegen diese beiden Ferienorte. Das städtische Leben ist eher bescheiden, viel zu sehen gibt es nicht. Nachtclubs oder Shopping-Gelegenheiten sucht man vergebens. Der Reiz dieser Küste sind seine schönen Strände, die aber meist zu den Hotels gehören.

Irgendwo in dieser Ecke betrat Kolumbus zum ersten Mal jamaikanischen Boden – hierin sind sich alle Gelehrten einig. Nur wo genau, darüber streiten sie sich seit Jahrhunderten. An das Ereignis erinnern der Name Discovery Bay und der Columbus Park, ein kleines Freilichtmuseum.

In der Nähe verstellt ein braunrotes, eisernes Ungetüm am Ufer die Aussicht auf die Bucht. Hier wird das Bauxit verladen, das in den Hügeln im Hinterland abgebaut wird und für Arbeit und einen gewissen Wohlstand in dieser Inselecke sorgt.

BESICHTIGUNGEN

Runaway Caves und Green Grotto Cave
★ Diese Tropfsteinhöhlen sind die am leichtesten zugänglichen auf Jamaika. Die Besichtigungstour führt durch einen kleinen Teil der insgesamt über zehn km langen Höhlengänge. Seit einiger Zeit sind sie trocken, die Eingangshalle diente sogar für eine Weile als Nachtclub. Verschiedene Formationen der Stalagmiten und Stalaktiten erinnern an Tiere und Madonnen – der Phantasie sind keine Grenzen gesetzt.

Die Green-Grotto-Höhle liegt 40 m unter der Erdoberfläche. Am Grund gibt es in absoluter Finsternis einen kleinen See, in dem blinde Fische leben. *Tgl. 9–17 Uhr, Eintritt US$ 4, an der Straße nach Discovery Bay, kurz hinter Runaway Bay*

RESTAURANTS

Aunt May's Blue Bird
Typische lokale Gerichte und ein üppiges jamaikanisches Frühstück werden im einfachen, aber gemütlichen Gastraum serviert. *Tgl. 9–24 Uhr, Main Street Runaway Bay 4, Tel. 973/45 47, Kategorie 3*

Cardiff Hall
Unter den Arkaden und im stilvollen Speiseraum des Runaway Bay HEART Hotel werden feine, internationale Gerichte mit lokalem Touch serviert. *Tgl. 12–14.30, 19–22 Uhr, Runaway Bay, Tel. 973/45 47, Kategorie 1–2*

Seafood Giant
Spezialität des Familienbetriebs sind Fischgerichte. Man

sitzt unter einem großen, runden Dach aus Palmwedeln. Die Bar ist auch Treffpunkt der Einheimischen. *Tgl. 6–22 Uhr, Hauptstraße in Runaway Bay, Tel. 973/48 01, Kategorie 2*

HOTELS

In Runaway Bay selbst siedelten sich allein drei All-inclusive-Clubs an. Daneben reihen sich eine Handvoll weiterer mehr oder weniger gesichtsloser Hotels entlang der Küste aneinander.

Breezes Golf & Beach Resort

Die All-inclusive-Anlage für Erwachsene hat den schönsten Hotelstrand (sogar mit einer FKK-Ecke) der Gegend und ein Sportangebot, das so umfassend gar nicht wahrgenommen werden kann. Die Zimmer sind gründlich und einladend renoviert, doch die zweigeschossigen Flachbauten erinnern an Bausünden vergangener Tage. Die neue, gemütliche Lobby ist dafür um so gelungener. *238 Zi., P. O. Box 58, Runaway Bay, Tel. 973/24 36, Fax 973/23 52, Kategorie L*

Club Caribbean

An einem schönen, gut 300 Meter langen Sandstrand liegt diese Ferienanlage im Villagestil. Alles ist inklusive, Singles, Pärchen, Kinder, alle sind willkommen. Sport wird großgeschrieben, vor allem die Tauchbasis genießt einen guten Ruf. *175 Zi., P. O. Box 65, Runaway Bay, St. Ann, Tel. 973/35 07, Fax 973/35 09, Kategorie 1–2*

Franklyn D. Resort

Kleinerer All-inclusive-Club für Familien. Von morgens bis nachmittags, auf Wunsch auch länger, kümmert sich ein sogenanntes »Girl Friday« um das Wohl besonders der kleinen Gäste. Ein umfangreiches Sport-, Freizeit- und sogar Kulturprogramm für Große und Kleine gibt's außerdem. *76 Zi., P. O. Box 201, Runaway Bay, Tel 973/30 67, Fax 973/30 71, Kategorie L*

Runaway Bay HEART Hotel

Der Blick von der Terrasse reicht weit über die Bucht bis ans Meer. Säulen, Arkaden, Swimmingpool und Garten erwecken die Illusion eines privaten Landsitzes. Shuttle-Service zum Strand. Ausbildungsbetrieb für das Hotelfachgewerbe. Gutes Restaurant. *20 Zi., Rickett's Av., P. O. Box 98, Runaway Bay, Tel. 973/26 71, Fax 973/26 93, Kategorie 2*

SPIEL UND SPORT

Golf

Super Clubs Golf Club, Runaway Bay, Tel. 973/25 61

Reiten

Chukka Cove Farm, Reit- und Polounterricht sowie tgl. dreistündige Ausritte an den Strand. *Richmond, Llandowery, St. Ann, Tel. 972/25 06*

Strände

In Runaway Bay haben die meisten Hotels am Meer einen eigenen Strand. Nur neben der Hotelanlage Breezes Runaway Bay ist ein Teilstück auch für die Öffentlichkeit zugänglich.

Tauchen

Vor der Küste von Runaway Bay liegen gute Tauchgründe. *Diveshop Jamaqua, Auskunft Tel. 973/35 07*

Nine Mile ist immer noch ein ärmlicher Ort in den Bergen

ZIEL IN DER UMGEBUNG

Bob-Marley-Mausoleum (110/A4)
Man gelangt zunächst nach *Browns Town,* wo Mi, Fr und Sa ein großer Markt stattfindet. Der Weg zum Mausoleum in *Nine Mile* führt hinter Brownstown noch etwa 15 km weiter nach Alexandria. Die Straße windet sich durch die dichtbewachsene, hügelige Landschaft, vorbei an tiefen Gruben – Spuren des Bauxitabbaus – und vereinzelten bunten Holzhäusern.

Nach Alexandria erreicht man nach weiteren gut zehn km auf der immer schmaler werdenden Straße eine Ansammlung von Häusern: Nine Mile. Der erste Eindruck ist deprimierend: Hohe Zäune riegeln das Gelände unschön ab. Sie sollen Video- und Musikpiraten bei den zweimal im Jahr am 6. Februar, Bob Marleys Geburtstag, und an seinem Todestag, dem 11. Mai, stattfindenden Konzerten abhalten.

Bob Marley ist in Nine Mile aufgewachsen und verließ es mit 15 Jahren. In den folgenden 16 Jahren bis zu seinem frühen Tod kam er regelmäßig zurück, um zu meditieren, zu komponieren und Musik zu machen. Seine sterblichen Überreste ruhen in einem großen Grabmal aus Marmor, in der Kapelle ringsum gibt es zwei seiner Gitarren und andere Erinnerungsstücke zu besichtigen. Engagierte Rastafaris führen die Besucher. Es ist ein kommerzielles Fleckchen geworden, doch man beginnt zu ahnen, wie weit der Weg von Nine Mile zum Weltstar und Plattenmillionär für den armen Jungen vom Land gewesen sein muß. *Tgl. 8–18 Uhr, Eintritt US$ 10.* Am Eingang gibt es ein *Restaurant,* das u.a. frische Säfte und jamaikanische Speisen anbietet. *Kategorie 3*

DeMONTEVINS
LODGE.
HOTEL

Rund um die Blauen Berge

Kleine Buchten, eine dampfende Bergwelt und Ausflugsinseln in enger Nachbarschaft von Port Antonio und Kingston

Droben am Himmel ziehen dunkle Wolkentürme auf. Sie verhüllen regenschwanger die Bergspitzen. Eben noch schimmerte der Regenwald in vielfachem Grün, nun kauert er sich in den Wolkenschatten in Erwartung ergiebiger Güsse. Unten an der Küste schwappt ein strahlend blaues Meer an die Ufer windstiller Buchten. Hell glänzt der Sand im Sonnenlicht. Energisch greifen Wellen weißschäumend nach ungeschützten Felsen.

Zerklüftete Berge beherrschen den Osten der Insel. Die höchsten sind die Blue Mountains. Sie recken sich über 2000 m hoch. Ihre Ausläufer rücken bis dicht an die Küste und zwingen die aufsteigenden Luftmassen hinauf in kühle Schichten. Die Provinz Portland im Nordosten ist rund ums Jahr die niederschlagsreichste der Insel, aber auch die landschaftlich schönste.

Eine Fahrt entlang der Nordküste von Port Maria nach Port Antonio führt über unzählige Flüsse. Schmale Brücken sind manchmal nur mit Holzbohlen belegt. Bananenplantagen lösen immer häufiger die Weiden ab. Palmen wachsen bis ans Ufer. Berge rücken heran, bis sie in Port Antonio zum Greifen nahe sind. Die kleine Stadt ist das wirtschaftliche und touristische Zentrum der Nordostküste. Verschwiegene Sandbuchten locken die Badefans. Einer der längsten Flüsse Jamaikas, der Rio Grande, lädt zu Floßfahrten ein. Höhlen und Wasserfälle gilt es zu erkunden, geführte Wanderungen in die Berge und über fruchtbares Bauernland werden angeboten.

Die Uhren gehen hier noch langsam, großstädtisches Treiben oder Massentourismus sind unbekannt. Immerhin sind es von den internationalen Flughäfen etwa 220 km (Montego Bay) und 100 km (Kingston) bis hierher.

Der Osten bietet die größten Kontraste: verschlafene Orte im Norden, wilde Berge in der Mitte und im Süden die Metropole Kingston, die mit Abstand größte Stadt der Insel. Jamaikaner sind stolz auf ihre Hauptstadt, sie ist ihr Kulturzentrum. Von Kingston aus begann der Reggae seinen Siegeszug um die Welt. Auch im

Wohnen wie in Kolonialzeiten: DeMontevin Lodge in Port Antonio

Zeitalter nach Bob Marley ist Kingston weiterhin Trendschmiede. Es gibt eine lebendige Theater- und Kunstszene. Die besten Nachtclubs und Restaurants finden sich in der Stadt. Ausländische Botschaften, Wirtschaftskonzerne, die großen Banken haben hier ihren Sitz. Es ist schlicht *die* Stadt auf Jamaika. Aber sie ist keine Vorzeigemetropole mit herausgeputzten Sehenswürdigkeiten. Es macht ein wenig Mühe, sich ihr anzunähern.

Nach Norden riegeln die Blue Mountains die Stadt regelrecht ab. Schmale Straßen, übersät mit Schlaglöchern, winden sich aufwärts. Es ist eher ein Vorwärtskriechen als -kommen. Brücken führen über Schluchten, einzelne Baumriesen stehen kerzengerade Wache. Weit oben tragen die Steilhänge ein langhaariges, hellgrünes Fell. Nebelschwaden ziehen lautlos vorbei, geben den Blick zurück auf Kingston frei – ein atemberaubendes Panorama.

KINGSTON

☛ **Stadtplan in der hinteren Umschlagklappe**

(115/F3) Brütende Hitze liegt am Nachmittag über der Stadt. In den Straßen verdichtet sich das hupende, stinkende Geschiebe zur Rush-hour. Minibusse versuchen verzweifelt, sich einen Weg zu bahnen. Gekämpft wird bis aufs Blech. Zwei Beinahe-Unfälle in zwei Minuten – großes Palaver und niemand kommt vorwärts. 690 000 Einwohner nennt die Statistik. Wie viele es genau sind, weiß keiner. In der Vorstadt Portmore wird gegen die chronische Wohnungsnot angebaut. Dort allein leben jetzt schon über 100 000 Einwohner.

Kingston wuchs zur Stadt heran, als nach dem verheerenden Erdbeben von 1692 die Überlebenden von Port Royal eine neue Heimat suchten. *Downtown,* das alte Zentrum, muß einst eine schöne Kolonialstadt gewesen sein. Heute vegetiert es mehr, als es lebt. Zu nahe liegen die Slums, zu viele Lücken klaffen in den Häuserreihen. Ab und an gibt es Ansätze von Sanierung. Tagsüber sind die Straßen voll Geschäftigkeit; Geschäfte, Banken, einige Konzerne und die Nationalgalerie sind hier. Abends und am Wochenende ist Downtown ausgestorben, dann sollten auch Touristen die Gegend meiden.

Die meisten Hotels, Verwaltungen und Firmen haben sich in New Kingston, dem neuen Stadtzentrum nördlich von Downtown, in Richtung Berge, angesiedelt. *Half Way Tree, Hope* und *Old Hope Road* heißen die markanten Verkehrsadern. Obwohl die Hotels fast alle in einer Gegend und die touristisch interessanten Ziele wie Restaurants, Devon House und Bob-Marley-Museum nicht weit auseinander liegen, ist New Kingston keine Stadt zum Bummeln. Unbebaute Grundstücke, Stichstraßen, oftmals fehlende Bürgersteige verleiden einen Spaziergang. Nicht zu übersehen ist außerdem die Tatsache, daß viele Jamaikaner täglich um ihr Überleben ringen müssen. Straßenhändler drängen ihre Dienste auf, vor den Hotels warten Menschen, die sich von den Besuchern ein Geschäft versprechen. Am besten man klappert die sehenswerten Orte sowohl bei Tag als auch bei Nacht mit dem Taxi oder Leihwagen ab. Auf gut Glück nach Restaurants oder Nightclubs Ausschau zu halten ist schwierig. Die meisten verbergen sich hinter Zäunen und Hecken, was nicht bedeutet, daß es zwielichtige Orte sind, man muß nur wissen, daß sie dort liegen. Um Frust zu vermeiden, unbedingt im vorhinein ein Ziel aussuchen und gezielt ansteuern. Ein guter Ausgangspunkt ist das Devon House. Der Blick vom Rande der Blue Mountains hinunter auf die Stadt offenbart ihre Schokoladenseite – die einzigartige Lage zwischen Meer und Bergen.

BESICHTIGUNGEN

Devon House

Wie ein kleiner Palast thront das Herrenhaus inmitten eines Parks. Es wurde 1881 im klassizistischen Stil erbaut – von einem Privatmann namens Georg Stiebel. Das Herrenhaus dient heute als Museum. Zu besichtigen sind 14 der 24 Räume mit einer Sammlung antiker Möbel und einiger Gemälde. Von der originalen Einrichtung sind nur noch wenige Teile vorhanden. Die ehemaligen Wirtschaftsgebäude beherbergen Restaurants und Läden. *Di–Sa 9.30–17 Uhr, 26 Hope Rd., Eintritt J$ 110*

Downtown

Sehenswert ist *The Parade,* ehemals ein Exerzierplatz, auf dessen nördlichem Teil der *St. Williams Grand Park* liegt, eine kleine Oase im Getümmel der Altstadt. An der Nordseite steht türkis und reich mit weißem Stuck verziert das *Ward Theatre,* Kingstons be-

MARCO POLO TIPS FÜR DEN OSTEN

1 **Blue Mountains**
Atemberaubende Aussichten, Nebelwälder und Kaffeeplantagen (Seite 57)

2 **Strawberry Hill**
Schöner und luxuriöser kann man mit Blick auf Kingston nicht wohnen (Seite 57)

3 **Guilt Trip**
Oase im Großstadtdschungel mit den besten Kuchen der Insel (Seite 53)

4 **Port Royal**
Herrlich verschlafener Fischerort mit großer Vergangenheit (Seite 58)

5 **Mockingbird Hill**
Persönlich geführtes Hotel mit Weitblick und Spitzenküche im Mille Fleurs (Seite 62)

6 **Valley Hikes**
Begegnungen mit Land und Leuten – naturnah und zu Fuß unterwegs am Rio Grande (Seite 65)

7 **Winnifred's Beach**
Der ursprünglichste Strand von Port Antonio – sonntags heißgeliebt (Seite 63)

8 **Reach Falls**
Schöne Wasserfälle und Badespaß in natürlichen Swimmingpools (Seite 64)

Das Ward Theatre zählt zu den prächtigen Gebäuden Kingstons

deutendstes Schauspielhaus. Ihm gegenüber im Süden residiert die prächtige *Kingston Parish Church* aus dem späten 17. Jh. Die Straßen sind im Schachbrettmuster angelegt. Es lohnt, von der Parade aus die King Street hinunter zum Meer zu laufen und einen Abstecher in die kreuzende Tower Street zu unternehmen. Vorbei an einigen schönen alten Häusern, an denen der Zahn der Zeit kräftig nagt, vielen nichtssagenden Bauten mit Geschäften und Ruinen, die wie kaum vernarbte Wunden kriegerischer Auseinandersetzungen anmuten. Die Uferpromenade wurde gestylt. Hier erheben sich die modernen Prestigebauten von Banken und anderen bedeutenden Organisationen. Ein Gang durch Downtown gehört unbedingt zum Besichtigungsprogramm. Die Größe der unbewältigten Probleme Jamaikas ist spürbar. Man sollte daran denken, daß dies noch viel weniger als das übrige Jamaika ein Ort ist, an dem finanzielle Überlegenheit zur Schau gestellt werden darf. Die Slums, die sich westlich von Downtown anschließen, sind keine Sehenswürdigkeit. Auch ein Bob-Marley-Fan sollte auf einen Besuch dieser Viertel wie *Trenchtown* verzichten. Beim Fotografieren bitte umsichtig vorgehen, besser: darauf verzichten!

MUSEEN

Bob-Marley-Museum

In seinem ehemaligen Wohnhaus bleibt die Erinnerung an den großen Star lebendig. Ausgestellt sind u.a. sein Jeanshemd, Orden, die weißen Gewänder, die er bei seinem Besuch in Afrika trug, die Tasche mit Bibel und Paß, original Bühnendekorationen, Tourneeplakate, der Nachbau seines ersten Plattenladens in Trenchtown. Am Schluß der

Führung wird ein Film mit Interviews und Konzertausschnitten gezeigt. *Mo–Di, Do–Fr 9.30 bis 16.30 Uhr, Mi, Sa 12.30–17.30 Uhr, Eintritt US$ 5, 56 Hope Rd.*

Institute of Jamaica

1879 gegründet, umfaßt es verschiedene Abteilungen. Das Naturhistorische Museum gibt einen anschaulichen Überblick über Flora und Fauna der Insel. Im gleichen Gebäude ist auch die Nationalbibliothek untergebracht. *Mo–Fr 9–16 Uhr, Eintritt frei, 12–16 East St.*

National Gallery

Im nüchternen Betonbau sind auf zwei Etagen Gemälde und Skulpturen jamaikanischer Künstler ausgestellt. Kernstücke sind die Werke von Edna Manley und die eindrucksvollen Skulpturen und Bilder von Shephard Kapo in separaten Räumen. Die Entwicklung läßt sich an der chronologischen Anordnung der Werke gut nachvollziehen. Ein zweiter Eingang führt in die Abteilung mit afrikanischer Kunst. *Mo–Fr 11 bis 16.30 Uhr, Eintritt J$ 40, 12 Ocean Bd.*

RESTAURANTS

Akbar

Gestyltes indisches Restaurant mit authentischer Küche. Beliebt ist das große Lunchbuffet, das von montags bis freitags 12 bis 14 Uhr aufgebaut wird. *Mo–Fr 12–15, Sa/So bis 16, tgl. 18–23 Uhr, 11 Holborn Rd, Kingston 5, Tel. 926/34 80, Kategorie 1–2*

Bench & Bar

Gepflegtes jamaikanisches Restaurant in Downtown in einem schönen, alten Gebäude im spanischen Stil. Gegenüber der Scotiabank. *Mo–Fr 7–17 Uhr, 5a Port Royal Str., Tel. 967/44 43, Kategorie 2*

Chelsea Jerk Centre

Bekannter Jerk-food-Imbiß im Hotelviertel. *Festivals,* Jerk pork und Jerk chicken können auch an Ort und Stelle verzehrt werden. Große Lautsprecher besorgen die Beschallung, besonders Freitag und Samstag. *Mo/Di 10–22, Mi/Do bis 24, Sa bis 1, So 12–21 Uhr, 7 Chelsea Av., Tel. 926/63 22, Kategorie 3*

Devon House

Mitten im Großstadttrubel sind die drei Restaurants *The Coffee Terrace, The Grog Shoppe* und das vornehme *Devonshire* auf dem Gelände des Devon House angenehme Ruhepunkte im Grünen. Hier treffen sich Botschaftsangestellte, Geschäftsleute, Verliebte und Besucher aus aller Welt. *26 Hope Rd., Kategorie 1–3*

Fish Place

Gegessen wird draußen unter einem Dach an einfachen Holztischen mit Blick in die Küche. Auf der Speisekarte stehen Fischgerichte und Seafood wie Baked Crabbacks, würzige, gefüllte Krabbenschalen, verschiedene gute Kuchen zum Dessert. *Mo–Sa 12–24 Uhr, So 8–21 Uhr, 136 Constant Spring Rd., Tel. 924/40 63, Kategorie 3*

Guilt Trip

★ Das gemütliche Gartenrestaurant liegt etwas versteckt auf einem Hof. Spezialitäten sind Fischgerichte und Kuchen aus eigener Konditorei *(Mo–Fr 12 bis 24 Uhr),* gute Weinauswahl. *Mo bis Fr 12–14, Di–Do 19–23, Fr/Sa bis 1, So bis 23 Uhr, 20 Barbican Rd., Kingston 6 (hinter dem Sovereign Centre, Hope Street), Tel. 977/51 30, Kategorie 1*

Moby Dick

Helles, freundliches Restaurant in Downtown gegenüber der Nationalgalerie. An den Wänden zieht der Taufpate symbolisch seine Runden. Spezialität: Curry goat. Zur Mittagszeit beliebt bei Angestellten und Wachleuten. *Mo–Sa 10–20 Uhr, 43 Port Royal St., Tel. 922/44 68, Kategorie 3*

Red Bones – The Blues Café

Versteckt liegendes Gartenrestaurant mit exzellenter, aber auch recht teurer neu-jamaikanischer und internationaler Küche. Alle zwei Wochen gibt es auch exzellente Musik: Am Wochenende treten hier nationale und internationale Blues-Stars auf. *Mo–Fr 11.30–15, Mo–Sa 18.30–23 Uhr, 21 Braemar Av., Kingston 10, Tel. 978/82 62, Kategorie 1*

EINKAUFEN

Eine gute Auswahl an Reggae und Dancehall bietet *Record Plaza* im *Sovereign Centre, 106 Hope Rd.* Im selben Einkaufszentrum findet sich auch eine Filiale des gutsortierten Buchladens *Sangster's.* Kunsthandwerk der gehobenen Qualität hat *Patoo, Upper Manor Park Plaza, Constant Spring Rd., in seinem Angebot.*

All inclusive

Der Urlaub wird zu Hause bezahlt. Geld vor Ort im Hotel ist überflüssig. Vom Trinkgeld bis zum Tauchgang, vom Drink bis zum Dinner – alles inklusive. Immer mehr Ferienanlagen bieten in der Karibik diese Form des Urlaubs an. Auf Jamaika liegen an der Nordküste und in Negril eine ganze Reihe All-inclusive-Resorts. Das Leistungsniveau ist hoch, der Service meist exzellent und das Sportangebot schier unglaublich. Die Preise bei einer Direktbuchung ebenfalls. Reiseveranstalter dagegen bieten die luxuriösen Anlagen oft in erschwinglicheren Pauschalangeboten an. Die Clubs sind nach außen stark abgeschirmt, in vielen sind Kinder nicht erlaubt, einige akzeptieren nur Paare.

HOTELS

Allerdyce Inn
Freundliches Hotel, Open-air-Bar auf der Terrasse im Grünen, Golfspieler haben's zum Constant Spring Club nicht weit, guter Ausgangspunkt für Wandertouren in die Blue Mountains. Klimatisierte Zimmer, ruhig gelegen, gutes Restaurant. *23 Zi., 49b Shortwood Rd., Kingston 8, Tel. 969/57 88, Fax 969/57 89, Kategorie 2–3*

Courthleigh
Das altbekannte Hotel zog um in ein frisch renoviertes Gebäude und übertrumpft seine Nachbarn Wyndham und Pegasus im Businessviertel von New Kingston. Freundlicher Service, gemütliche Zimmer – zum Teil mit Balkon – mit Himmelbetten, Swimmingpool und die Bar Mingles, nicht nur am Freitagnachmittag schikker Treffpunkt, garantieren einen relaxten Aufenthalt. *118 Zi., 85 Knutsford Blvd., Kingston 5, Tel. 929/90 00, Fax 926/77 44, Kategorie 2*

Four Seasons
Das ruhig gelegene Hotel im Herzen von New Kingston am Half Way Tree ist eine Institution und der Elan der beiden deutschen Eigentümerinnen ungebrochen. Zu den älteren, geräumigen Zimmern mit dem etwas altertümlichen Charme gesellen sich 40 neue rund um einen Hof mit Swimmingpool und schöner Bepflanzung. Die Küche des Hotels mit jamaikanischen Gerichten und deutschen Kuchen ist exzellent. *76 Zi., 18 Ruthven Rd., Kingston 10, Tel. 926/88 05, Fax 929/59 64, Kategorie 2*

Ivor's
Das Landhaus von 1870 liegt in 660 m Höhe am Skyline Drive, einer Panoramastraße am Rande der Blue Mountains. Der Blick auf die Stadt ist großartig. Die geräumigen Zimmer sind mit alten Mahagonimöbeln eingerichtet. Mit stilvollem Restaurant, Reservierung erbeten. *3 Zi., Jack's Hill, Kingston 6, Tel. 702/05 10, Fax 702/03 80, Kategorie 2*

Terra Nova
Die ehemalige Villa, 1924 im Kolonialstil erbaut, ist seit 1959 ein Hotel, zentral nahe dem Devon House, mit modernen Räumen und sehr gutem Re-

Strawberry Hill – das besondere Hotel in luftiger Höhe

staurant. *35 Zi., 17 Waterloo Rd., Kingston 10, Tel. 926/22 11, Fax 929/49 33, Kategorie 2*

SPIEL UND SPORT

Golf

Caymanas Golf Club, Tel. 922/33 86; Constant Spring Golf Club, Tel. 924/16 10

Strände

Die öffentlichen Strände im Umkreis von Kingston sind weder besonders schön noch gepflegt: *Copacabana* liegt Richtung Morant Bay, kurz hinter der Abzweigung nach Port Royal, die Strände von *Hellshire* südwestlich der Stadt. Wer für ein paar Stunden den wühligen Moloch verlassen und dabei Sonne tanken will, kann von Port Royal ein Fischerboot nach *Lime Key,* einer malerischen Miniinsel mit Sandstrand, nehmen.

Tauchen

Buccaneer Scuba Club, Morgan's Harbour, Port Royal, Tel. 967/80 61

AM ABEND

Nachtclubs/Diskotheken

Asylum Night Club, trotz neuem Namen gehört diese Diskothek mit gelegentlichen Live-Konzerten zu den Klassikern der Kingstoner Nachtszene. *69 Knutsford Blvd., Kingston 5*

Countryside Club, geschmackvoller Open-air-Club, Fr Live-Musik, an den übrigen Abenden wechselnde Veranstaltungen. *19 Eastwood Park Rd.*

Mingles, gemütliche Bar mit englischem Touch, beliebter Treffpunkt nach der Arbeit, besonders freitags. *Tgl. ab 17 Uhr, Courthleigh Hotel, 85 Knutsford Blvd.*

Mirage, High-Tech-Diskothek, *Di–Sa ab 21.30 Uhr, Fr ab*

22 Uhr, Souvereign Centre, Shop 3 bis 4, 106 Hope Rd.

Theater
Ward Theatre, North Parade, Tel. 922/04 53; Little Theatre Movement, hier gibt es des öfteren Tanzdarbietungen, *4 Tom Redcam Av., Tel. 926/61 29*

AUSKUNFT

Jamaica Tourist Board
Mo–Fr 8.30–16.30 Uhr, Tel. 929/92 00, P. O. Box 360, St. Lucia Av., Kingston 5

ZIELE IN DER UMGEBUNG

Blue Mountains **(116/B3–C4)**
★ Die Stadt klettert bis auf die vordersten Hügel, wo in frischerer Luft die Häuser der Bessergestellten auf die Stadt hinunterschauen. In der zweiten Reihe streben die Berge so steil in die Höhe, daß sich nur wenige Ansiedlungen auf Plateaus niederlassen konnten. Schmale Straßen suchen mit endlosen Kurven ihren Weg. Die Gesteinsmassen vulkanischen Ursprungs erreichen mit dem *Blue Mountain Peak* (2256 m) ihren Höhepunkt. Wanderer schwärmen vom Gipfelsturm zu nachtschlafender Zeit. Mit Glück geben die Wolken pünktlich zum Sonnenaufgang den Blick auf die Insel frei.

Überhaupt sind die Blue Mountains ein Paradies für Wanderer, allerdings ein anspruchsvolles. Die Trails sind oft steil, lassen den Schweiß trotz kühlerer Temperaturen in Strömen fließen. Belohnt wird die Mühe mit der Ansicht von kristallklaren Bächen, kleinen Wasserfällen, Schmetterlingen, Vögeln, wild wachsenden Mangobäumen, Kaffeeplantagen, traumhaft schönen Blicken auf und über die grünen Kuppen der tropischen Bergwelt. Ein guter Ausgangspunkt ist die *Blue Mountain Taverna. The Square, Mavis Bank, Tel. 977/82 23, Fax 977/84 40, Kategorie 1* **(116/B4)**. Die vier gemütlichen Zimmer möchte man so schnell nicht wieder verlassen.

In luftiger Höhe von gut 1000 m hinter Irish Town Richtung Buff Bay gibt es seit Ende 1994 ein besonderes Hotel, das ★ *Strawberry Hill* **(116/A3)**. 18 Zimmer in 12 Villen in traditioneller Holzbauweise bieten jeden erdenklichen Luxus, sogar geheizte Matratzen. Ein hervorragendes Restaurant gehört zur Anlage. *Irish Town P. A., St. Andrew, Tel. 944/84 00, Fax 944/84 08, Kategorie 1–L.* Folgt man der Straße über Newcastle hinaus, so erreicht man *The Gap Cafe* mit einer Aussichtsterrasse, *Di–Do 10–17 Uhr, Fr–So 10–18 Uhr, Reservierung erwünscht, Tel. 997/30 32.* Gegenüber startet der *Fairy Glade Trail* und führt in einer zwei- bis dreistündigen Wanderung hinunter nach Newcastle. Der *Hollywell Park* ist gut zum Picknicken **(115/F2)**.

Hellshire **(115/D–E4)**
Südwestlich von Kingston, hinter der Schlafstadt Portmore, ist die Landschaft trocken, Büsche und Kakteen fühlen sich wohl, und es gibt einige Sandstrände. Der gepflegteste ist *Fort Clarence, Mi–Fr 10–17 Uhr, Sa/So 7–17 Uhr*, geringer Eintritt. Von hier kann man am Ufer entlang bis zu den Restaurantbuden der Fischer laufen, die ihren Fang frisch zubereiten. Am Strand ste-

Die Marco Polo Bitte

Marco Polo war der erste Weltreisende. Er reiste in friedlicher Absicht, verband Ost und West. Er wollte die Welt entdecken, fremde Kulturen kennenlernen, nicht zerstören. Könnte er für uns Reisende des 20. Jahrhunderts nicht Vorbild sein? Aufgeschlossen und friedlich sollte unsere Haltung auf Reisen sein. Dazu gehören auch Respekt vor Mensch und Tier und die Bewahrung der Umwelt.

WWF

hen Sonnenliegen. Die aus Brettern zusammengenagelten Holzgestelle erinnern allerdings eher an Bahren. In der Woche ist hier nichts los, am Sonntag ein Platz mit viel Atmosphäre.

Port Royal **(115/E3–4)**

★ Der kleine Fischerort liegt am Ende der schmalen und kahlen Landzunge The Palisadoes und damit am Eingang des großen natürlichen Hafenbeckens von Kingston. Die strategisch günstige Lage wurde früh erkannt, und an der äußersten Spitze das mächtige *Fort Charles* errichtet. Es ist die schönste und besterhaltene Befestigungsanlage der Insel, mit einem kleinen maritimen Museum und einer Ausstellung zur Geschichte von Port Royal im alten Marinehospital. Außerhalb der Mauern steht das »schwindelige« *Giddy House,* nach dem Erdbeben von 1907 halb im Sand versunken. *Tgl. 9.30–17 Uhr, Eintritt US$ 4.*

Bis zu seiner endgültigen Zerstörung durch Erdbeben und Flutwelle im Jahre 1692 war Port Royal das blühende und reiche Hauptquartier von Piraten, auch von Henry Morgan, Jamaikas berühmtestem Freibeuter.

Heute kommen die Kingstoner vor allem am Wochenende herüber, um Fisch zu essen. Der Favorit unter den kleinen Restaurants heißt *Gloria's Rendezvous.* Man sitzt auf der Straße, der Service wirkt bei Hochbetrieb leicht überfordert, der Fisch ist frisch, gut und preiswert *(tgl. 10–2 Uhr, 5 Queen St., Kategorie 3).* Das neue *Gloria 2* liegt in Strandnähe (nicht geeignet zum Baden, viel zu schmutzig). Einziges Hotel im Ort: *Morgan's Harbour* mit kleinem Strand, gebadet wird im abgetrennten Meerespool mit Blick auf Yachten und Stege. *45 Zi., Port Royal, Tel. 967/80 30, Fax 967/80 73, Kategorie 2*

Spanish Town **(115/D3)**

Historischer Kern der ehemaligen Hauptstadt (1534–1872) ist ein quadratischer Platz mit den Regierungsgebäuden aus dem 18. Jh. und dem Rodney-Memorial im klassizistischen Stil des 19. Jhs. Vom Old King's House steht nur noch die – allerdings prächtige – Fassade, der Backsteinbau des Old House of Assembly (Haus der gesetzgebenden Versammlung) mit seinen Kolonnaden und Holzbalkonen ist noch ganz gut in Form, das ehemalige Gericht nur noch eine Ruine. Es ist ein Geisterplatz ohne Leben, während in den angrenzenden Straßen das normale

Leben der Stadt (113 000 Ew.) pulsiert. Sehenswert das *People's Museum of Craft and Technology* in den Stallungen des King's House *(Mo–Do 9.30–17, Fr bis 16 Uhr, Eintritt 35J$)*, die *Cathedral of St. James (Barrett St.)* und die alte Eisenbrücke über den Rio Cobre am Ortsausgang Richtung Kingston.

PORT ANTONIO

☛ **Stadtplan in der hinteren Umschlagklappe**

(117/D2) Nach kurviger Fahrt begrüßt am Ortseingang eine Palmenallee den Besucher. Wenige Meter weiter endet diese West Palm Avenue im Zentrum vor dem Gericht. Die Harbour Street übernimmt ein kurzes Stück die Rolle der Geschäftsstraße, um dann am Meer vorbei aus der Stadt herauszuführen.

Gegenüber der mächtigen *Christ Church* aus rotem Backstein zweigt eine schmale Gasse ab. Ihr schlechter Zustand ist auf Jamaika sprichwörtlich. Steil klettert sie zum Bonnie View Plantation Hotel hinauf. Der Blick von der Terrasse hinunter auf die beiden natürlichen Hafenbecken auf *Navy Island* bis hin zum Leuchtturm im Osten ist die schönste Art, sich mit der Stadt Port Antonio (13 400 Ew.) vertraut zu machen.

Einmal in der Woche liegt ein weißer Bananenfrachter im Hafen. Er erinnert an die alten Zeiten, in denen die Stadt vom Bananenhandel lebte. Die Bananenpflücker inspirierten Harry Belafonte zu seinem Song »Banana Boat Song« – er singt: »Six hand, seven hand, eight hand, Bunch!« Die Pflücker wurden nach der Anzahl der herangeschleppten »Hände« einer Bana-

Christ Church in Port Antonio

nenstaude bezahlt. Die massenweise Ausfuhr der süßen gelben Früchte brachte seit den 70ern des 19. Jhs. einige Jahrzehnte lang Wohlstand nach Port Antonio. Zu Beginn dieses Jhs. ging der Boom zu Ende. Der Weltmarkt hatte sich verändert, »Panama-Krankheit« und Hurrikane hatten die Pflanzen dezimiert.

Mit den Frachtern waren die ersten Touristen nach Port Antonio gekommen. In den 40er Jahren entdeckte der Schauspieler Errol Flynn hier sein persönliches Paradies. Bis Ende der 50er stand der Ort auf der Urlaubsliste der Hollywood-Größen ganz oben. Als Mitte der 80er auch die Kreuzfahrtschiffe ausblieben – sie ankern jetzt im größeren Hafen von Ocho Rios –, wurde es noch ruhiger in dem verschlafenen Städtchen.

Inzwischen geht es mit dem Tourismus wieder aufwärts, obwohl auf bettenstarke Hotels und All-inclusive bisher verzichtet wird. Statt dessen locken indivi-

Der Schauspieler genoß die Insel noch unbebaut und fast unberührt

duell geführte Häuser, versteckt schlummernde Buchten, ein türkisblauer Ozean und extra scharfes Jerk food.

BESICHTIGUNGEN

Folly Estate

Das einst stolze Landhaus, mit Säulen reich geschmückt, gehörte zu Beginn des Jahrhunderts einem amerikanischen Juwelier, der mit einer Tiffany verheiratet war. Übrig blieb auf der abgelegenen Landzunge in der Nähe des Leuchtturms eine malerische Ruine. Kurz vor Sonnenuntergang verklärt gelbes Licht die maroden Mauern. Sie hielten der salzigen Luft nur wenige Jahrzehnte stand.

Navy Island

Direkt gegenüber der Titchfield-Halbinsel liegt die ehemalige Privatinsel des amerikanischen Filmstars Errol Flynn. Sie kann heute von jedem besucht werden. Zum Sonnen ein Sandstrand mit Tischen und Bänken, zum Schnorcheln die Lagune, und für die Aktiven viele Wassersportangebote *(tgl. 7–22 Uhr)*. Ein kundiger Rasta-Fischer zeigt die schönsten Stellen. Die Fähre braucht nur ein paar Minuten hinüber zur Insel. Sie startet am Anleger an der *West Palm Av., 7–22 Uhr*, danach nach Bedarf. *Zutritt inklusive Hin- und Rückfahrt J$ 100*

RESTAURANTS

Blue Lagoon

Ehemals die Hauptattraktion dieser Region, ist die wunderschöne Lagune jetzt nur noch in Verbindung mit Lunch bzw. Dinner oder einem Eintritt von US$ 3 zu genießen. Angeboten wird Jerk food in zahmer Version und eine große Auswahl an

Cocktails. *Tgl. 10–22 Uhr, San San, Fairy Hill, Tel. 993/84 91, Kategorie 1*

DeMontevin Logde

Himmelblau die Wände, die Stuckdecke weiß, der Holzfußboden dunkel, Schnitzereien über den Türen, geblümte Vorhänge vor den Fenstern – nur eine Neonröhre stört die Illusion, bei Urgroßmutter eingeladen zu sein. Gekocht wird echt jamaikanisch, zur Auswahl stehen zwei Hauptgerichte; eine gute Suppe und Dessert gehören zum Menü. Unbedingt probieren: *Escoveitch fish,* er ist Extraklasse. Gekocht wird nur nach vorheriger Anmeldung. *Tgl. 12–14 Uhr, 19–22 Uhr, 21 Fort George St., Tel. 993/26 04, Kategorie 2*

Huntress Marina

Das offene Hausboot mit Holzbänken und -tischen an Deck ist Kneipe und Restaurant in einem. Am Abend trifft sich hier die internationale Gemeinde der Rucksack-Reisenden. *Tgl. 7 bis 23 Uhr, 16 West St., Tel. 993/ 30 53, Kategorie 2–3*

Mille Fleurs

★ Die luftige Terrasse, möbliert mit grazilen, schmiedeeisernen Stühlen, weiß gedeckten Tischen mit Blumen und Kerzen sorgen für eine heitere, unbeschwerte Atmosphäre. Das dreigängige Dinnermenü, zubereitet mit frischen, lokalen Produkten, verwöhnt den Gaumen. Zur Auswahl stehen drei bis vier Gerichte, darunter ein vegetarisches, pro Gang. Das Gemüse stammt aus ökologischem Gartenanbau. *Tgl. 12–15 Uhr, 19 bis 21.30 Uhr, Hotel Mocking Bird Hill, Tel. 993/33 70, Kategorie 1*

EINKAUFEN

In *Fairy Hill,* der östlichsten Gemeinde von Port Antonio, verkaufen Landfrauen handgeschöpftes Papier, das aus Naturmaterialen wie Banane, Brotfrucht und Bambus hergestellt wird. Paulette Wallace leitet das Projekt, und man kann bei der Produktion zuschauen. *Mo bis Do 10–16 Uhr, Community Centre, Fairy Hill*

HOTELS

Port Antonio selbst hat im Zentrum nur wenige kleinere Hotels. Die Tichfield-Halbinsel ist traditionell Standort einfacher und oft auch heruntergekommener Pensionen. Die größeren Anlagen liegen in Nähe der Strände, östlich des Ortes.

Blue Lagoon Villas

Wohnen wie die Hollywood-Stars in einer der schneeweißen Traumvillen. Sie liegen romantisch und direkt am Wasser. Butler und Hausmädchen sowie ein Mietwagen inklusive. *5 Villen, Fairy Hill, P.O. Box 2, Tel. 993/ 84 91, Fax 993/84 92, Kategorie L*

DeMontevin Lodge

Das rote Backsteinhaus mit weißen Fensterumrandungen, reich verzierten Veranden und Balkonen ist ein Prachtstück georgianischen Zuckerbäckerstils. Die Lobby gleicht einem Salon der Jahrhundertwende. Die Zimmer, drei davon mit privatem Bad, sind meist groß und freundlich. 1881 erbaut, wird es seit 30 Jahren als Hotel betrieben. Das Restaurant bietet beste jamaikanische Küche. *13 Zi., 21 Fort*

George St., P.O. Box 85, Tel. 993/ 26 04, Kategorie 3

Dragon Bay
Die Anlage im Villenstil liegt etwas außerhalb, dafür direkt an einer schönen Strandbucht, die schon mehrmals als Filmkulisse diente. Zwei Bars, zwei Restaurants, Tennisplätze, Swimmingpool, Tauchbasis am Strand. *88 Zi., P.O. Box 176, Tel. 993/87 51, Fax 993/32 84, Kategorie 1–2*

Jamaica Heights
Die verschiedenen Gebäude des Gästehauses schmiegen sich an den steilen Hang. Der Blick von den Veranden hinunter auf die Bucht von Port Antonio ist phantastisch. Die Zimmer sind alle im Kolonialstil mit Himmelbetten eingerichtet. Swimmingpool, Tennisplatz, Restaurant und Bar, deutsch-jamaikanische Leitung. Bei der Anfahrt aus Richtung Ocho Rios am Ortseingang auf die Ausschilderung achten. Ein eigenes Fahrzeug ist zu empfehlen. *10 Zi., 1 Morris Av., Tel. 993/33 05, Fax 993/35 63, Kategorie 2–3*

Mockingbird Hill
★ Auf dem »Hügel der Nachtigallen« liegt inmitten üppiger Vegetation dieses kleine, umweltfreundlich angelegte Hotel mit Swimmingpool, Bar- und Restaurantterrasse. Der Blick schweift von den Bergen bis aufs Meer hinaus. Ein Shuttleservice zu den nahe gelegenen Stränden und die deutschsprachigen Besitzerinnen helfen bei der Organisation von Ausflügen. Die geräumigen Zimmer, möbliert mit Bambusmöbeln, haben Balkon oder Terrasse und Ventilatoren. In der angegliederten Galerie finden Ausstellungen und Kurse für Malerei, Bildhauerei und grafische Techniken statt. *10 Zi., P.O. Box 254, Tel. 993/71 34 und 993/ 72 67, Fax 993/71 33, Kategorie 2*

Trident Villen & Hotel
Das erste Haus am Platze verwöhnt seine Gäste mit viel Ruhe und gepflegtem Ambiente. Afternoon Tee und Candellight-Dinner gehören genauso dazu wie die mit antiken Möbeln luxuriös ausgestatteten Villen und Zimmer nahe am Meer. Wer sich wie Prinz und Prinzessin fühlen möchte, kann das Cinderella-Schloß – ehemals gehörte es einer bayerischen Baronesse – neben dem Hotel zu einem königlichen Preis mieten. *26 Zi., P.O. Box 119, Anchovy, Tel. 993/ 26 02, Fax 993/25 90, Kategorie 1–L*

Triff's Inn
Modernes, kleines Hotel mitten in Port Antonio. Mit Restaurant und Sonnenterrasse auf dem Dach. Geräumige, helle Zimmer mit Klimaanlage und Ventilator. *17 Zi., 1 Bridge St., Tel. 993/21 62, Fax 993/20 62, Kategorie 3*

SPIEL UND SPORT

Wer fürs Blue Marlin Tournament im Oktober trainieren will, kann von der *Bonita II* aus *(Tel. 993/30 86)* hochseeangeln. *Navy Island* und *Dragon Bay* laden zum Schnorcheln ein, *Lady G' Diver* unterhält an der Dragon Bay eine Tauchbasis *(Tel. 993/87 51)*.

Strände
Stadtnah sind die kleinen Strände am Ende der Titchfield-Halbinsel und auf Navy Island. Richtung Osten liegen versteckt vier

Traumstrände (die Zufahrten sind nicht immer ausgeschildert):

Frenchman's Cove (Di geschl.) diente schon häufig als Naturkulisse für Werbefotografen. *San San* ist nur für Gäste der umliegenden Hotels. *Dragon Bay* ist der dritte Strand, und zu guter Letzt ★ *Winnifred's Beach.* Dieser längste Strand ist am schwierigsten zu erreichen und nicht sehr überlaufen. Hier verbringen Jamaikaner den Sonntag, Rastamänner betreiben kleine Restaurants und vermieten Hütten. Bis auf Winnifred's sind sie von etwa *9–17 Uhr geöffnet und kosten bis zu US$ 3 Eintritt.*

AM ABEND

Das untere Ende der *West Palm Av.* bis zum Gericht ist abends sehr lebendig. Vor der Markthalle wird Jerk food verkauft. Um die Ecke trifft man sich den ganzen Abend über bei *Junior's Town Talk,* trinkt frische Obstsäfte mit oder ohne Rum, hört Musik und tauscht Neuigkeiten aus *(tgl. 10 bis 1 Uhr, am rückwärtigen Eingang des Marktes).* Der *Roof Club* ist vielleicht die bekannteste Diskothek Jamaikas: lange Theke, Spiegel, schwarz gestrichene Wände, Sprüche in Neonfarben – technischen Schnickschnack braucht der Laden nicht. Die Musik und die Drinks sind gut, am Wochenende ist die halbe Stadt hier. *Tgl. 20–6 Uhr, 11 West Palm Av.*

AUSKUNFT

Jamaica Tourist Board
Mo–Fr 8.30–16.30, Sa 9–13 Uhr, Tel. 993/25 87, P. O. Box 151, City Centre Plaza

Der Eindruck täuscht – sonntags ist auf Winnifred's Beach der Teufel los

ZIELE IN DER UMGEBUNG

Caves of Nonsuch (117/D2)
Die Tropfsteinhöhle mit der 40 m hohen »Kathedrale« liegt im Hinterland. Herrliche Aussichten entschädigen für die schlechte Zufahrtsstraße. *Tgl. 9–17 Uhr, Eintritt 5 US$, an der Straße nach Nonsuch*

Küste von Port Antonio zu den Reach Falls (117/D2–E4)
Die Küstenstraße östlich von Port Antonio passiert eine ganze Reihe von kleinen Gemeinden. In dem Ort *Boston Bay* ist die Luft rauchgeschwängert. Zu beiden Seiten der Straße brutzeln auf riesigen Grills unter Wellblechdächern portionierte Schweine und ganze Hühner. Von hier trat das scharf marinierte und gegrillte Jerk food seinen Siegeszug über die Insel an. Egal, ob Sie beim ersten Stand, der sich *Boston Jerk Pork,* »das Original« nennt, oder bei *Fuzzy,* dem letzten Stand, gegenüber vom Strand auf der rechten Straßenseite, einkehren: Hauptsache, Sie lassen sich diese Spezialität nicht entgehen. Verlangen Sie nach der grünen, extrascharfen Soße, wenn Sie's »hot« mögen. *Tgl. gibt's Hähnchen ab etwa 9 Uhr, Schwein ab etwa 12 Uhr, Kategorie 3.* Gegen 17 Uhr sind die Vorräte meist erschöpft.

Die Straße führt weiter durch ausgedehnte Felder und am Meer entlang nach *Long Bay* **(117/E3)**, dem längsten Sandstrand nach Negril. Häufig peitscht der Wind hohe Wellen ans Ufer, und dann riecht es intensiv nach Meer. Ein Ferienhäuschen mit eineinhalb Schlafzimmern vermietet der deutsche Schriftsteller Peter Paul Zahl, der seit Jahren in Long Bay lebt. *Rose Hill, Long Bay, P. O. Portland, Kategorie 3*

Die Küste bleibt wild und lieblich zugleich. Meer und Wind sorgen für Aufruhr, Kokosplantagen und einsame Strände für Postkartenbilder. Ungefähr 30 km hinter Port Antonio liegt *Manchioneal* **(117/E4)**, der einzige größere Ort an diesem Küstenabschnitt. Wenig später biegt rechts eine Straße zu den ★ *Reach Falls* ab. Wer sich darauf beschränkt,

Seaford Town

Häuser und Hütten des Dorfes, das sich großspurig Stadt nennt, liegen versprengt im Hügelland südwestlich des Cockpit Country. Es unterscheidet sich von vielen anderen ländlich-armen Gemeinden nur durch die Hautfarbe der Bewohner. Die Hälfte der Bewohner ist weiß, hat blaue Augen und stammt von deutschen Siedlern ab. Es waren kleine Handwerker, die sich zwischen 1834 und 1850 auf Wunsch der britischen Kolonialmacht in dieser abgelegenen und nicht besonders fruchtbaren Gegend niederließen. Die industrielle Revolution in Deutschland hatte ihnen die Existenzgrundlage genommen. Von Ackerbau und Viehzucht verstanden sie nichts. So fristen sie bis heute ein kärgliches Leben. Nur einmal konnten sie etwas Ruhm ernten: Im Film »Papillon« spielten knapp 200 Dorfbewohner die ausgemergelten Gefangenen eines Straflagers.

am Fuße des großen Wasserfalls stehenzubleiben, verpaßt eine Urlandschaft mit Tümpeln, kleinen Fällen, moosbewachsenen Steinen, Farnen, beschirmt vom Regenwald. Mit einem Führer ist diese verwunschene Welt sicher zu entdecken. Bis zu zwölf Pools können durchschwommen werden. *Tgl. 9–17 Uhr, Eintritt J$ 40, mit Führung J$ 100*

Portland Environment Protection Association (PEPA) (117/D2)
Diese nichtkommerzielle Organisation hat es sich zur Aufgabe gemacht, durch Aufklärung die natürlichen Ressourcen der Region Portland zu schützen. Es werden Exkursionen zu Fuß oder mit dem Motorrad angeboten, auf denen die Besucher die landschaftlichen Schönheiten, aber auch ihre Umweltprobleme kennenlernen und mit Farmern, Fischern und Kunsthandwerkern ins Gespräch kommen. *6 Allan Av., Port Antonio, Tel. 993/96 32, unterschiedliche Preise*

Rio Grande Rafting (116/C2)
Errol Flynn baute sich als erster Bambusflöße, mit denen Bananen und andere landwirtschaftliche Produkte zum Meer transportiert wurden, zu Lustbarken um. Seine Idee hat sich durchgesetzt. Am Ufer der Ausgangspunkte Barrydale und Grant's Level liegt eine ganze Flotte von Flößen bereit, und rund 150 lizenzierte Kapitäne warten auf Kundschaft. Ein Raft besteht aus gut zehn m langen Bambusstämmen und ist 1,50 m breit. Eine Bank, meist für zwei Personen, sorgt für Sitzkomfort der Fahrgäste, der *captain* mit einem ungeheuer langen Bambusstab als Stechpaddel für Vortrieb. Zwei bis drei Stunden dauert die Fahrt über den breiten, meist ruhig dahinfließenden Rio Grande. Flößerlehrlinge, durchtrainierte, junge Männer, brauchen gut die doppelte Zeit, um die Gefährte wieder flußaufwärts zu ziehen. Die Fahrt ist beschaulich und abwechslungsreich, aber kein abenteuerlicher Ritt auf strudelndem Wildwasser. An tiefen Stellen kann auch gebadet werden. Anfahrt mit Taxi oder Pkw (wird gegen Entgelt zum Endpunkt überführt). *Tgl. 9–15.30 Uhr, US$ 45 pro Floß (zwei Personen), Rafter's Rest, Tel. 993/57 78*

Valley Hikes (116/C-D3)
★ Initiiert durch ein Entwicklungsprojekt der Regierung werden Wanderungen im Tal des Rio Grande und seiner Nebenflüsse, zwischen Crow Mountains und Blue Mountains, angeboten. Es gibt ganz unterschiedliche Touren, mehrtägige genauso wie Schnupperwanderungen von wenigen Stunden. Ausgebildete Führer aus dem Umland geleiten mit viel Engagement die Gäste zu den Naturschönheiten ihrer Heimat wie den Scatter Falls, den Foxes Caves und nach Moore Town zu den Maroons; sie erklären Kräuter, Gewürze und Früchte. Die Wege führen fern von Straßen durch ursprüngliche Dörfer, über bäuerlichen Privatbesitz und gewähren den Wanderern Einblicke in das ländliche Leben. Eine reizvolle Art, ein Stück wirkliches Jamaika kennenzulernen. *12 West Street, 1. Stock, P. O. Box 89, Port Antonio, Tel./Fax 993/38 81. Für Tagestouren müssen US$ 10–15 plus Transportkosten gerechnet werden.*

Einsam, ursprünglich und ein wenig rauh

Urlaubsmagnet ist Negril, doch drumherum fühlt sich wohl, wer das kleine Abenteuer sucht

Die Jamaikaner konnten dem schmalen westlichen Ende ihrer Insel lange Zeit wenig abgewinnen. Außer Sumpf, Sand und Meer gab es nichts, bis 1960 nicht einmal eine vernünftige Straße. Nur ein paar Fischer lebten in Punta Negrilla, wie einst die Spanier das Westende nannten. Heute steht Negril für Strand und einen lockeren Urlaub mit viel Sonne im Reggae-Takt. Aus allen Teilen der Insel kommen Menschen vor allem während der Hochsaison im Winter hierher, um in der Tourismusbranche ein paar Dollar zu verdienen. Besonders schön finden sie diesen abgelegenen Zipfel ihres Eilandes nicht. Touristen auf der Suche nach dem karibischen Traumstrand werden hingegen in wachsender Zahl angezogen.

Verläßt man Negril Richtung Süden, sind noch Reste des Great Morass, des großen Sumpfes, auszumachen. Ausgedehnte Zuckerrohrfelder schließen sich an. Die nächste größere Siedlung in etwa 30 km Entfernung heißt Savanna-La-Mar. Die Hauptstadt des Bezirkes Westmoreland hält einen tragischen Rekord: Seit ihrer Gründung 1730 wurde sie dreimal durch Hurrikane zerstört.

Wer den Nervenkitzel sucht, der wagt einen Sprung von den Klippen bei Negril

Die Hauptstraße kehrt hinter dem Ort an die Küste zurück. Das Land ist flach, grün und endet ohne Strand recht abrupt am Meer. Erst in Bluefield Bay gibt es einen schmalen Streifen Sand an der Küste mit unmittelbar dahinterliegenden Hügeln. Getränke und Speisen werden hinter dem Strand in kleinen Hütten in einer Picknickanlage angeboten.

Fischerdörfer, das größte heißt Whitehouse, säumen den Weg Richtung Black River. Der Fang des Tages wird am Straßenrand zum Verkauf angeboten. In aller Ruhe wartet eine Frau auf Kundschaft. Sie liegt auf ihrem Schatz, einer gefüllten Tiefkühltruhe, und schreit den Vorbeifahrenden lauthals »Fish!« zu.

Black River mit seinen schönen Häusern aus georgianischer Zeit und dem lebhaften Wochenmarkt ist von Negril aus in zwei Stunden geruhsamer Fahrt zu erreichen.

MARCO POLO TIPS FÜR DEN WESTEN UND SÜDEN

1 **Long Bay**
Immer noch ein Traum – der elf Kilometer lange Strand von Negril (Seite 77)

2 **Cosmo's**
Palmen, Sand, Meer, dazu ein kühles Getränk und frische Fische (Seite 75)

3 **Y. S. Falls**
Ein Besuch im Vorgarten Edens mit malerischen Wasserfällen (Seite 72)

4 **Accompong**
Eine Gemeinde der Maroons – stolze und autonome Nachfahren der ersten Sklaven (Seite 71)

5 **Jake's**
Ein Hideaway im Süden – mit viel Sinn für Farben und Formen gestaltet (Seite 81)

6 **Alligator Hole River**
Beschauliche Kanufahrt mit Mangroven, Schilf und Manatis (Seite 83)

Hier schwenkt die Hauptstraße landeinwärts und führt am Rande des sumpfigen Flußgebietes des Black River Richtung Mandeville. Kurz hinter Maggotty wird die Straße zu einer Allee besonderer Art. Riesige Bambusstauden bilden mit ihren biegsamen Stämmen einen schattigen, grünen Tunnel über mehrere Kilometer hinweg. Die *Bamboo Avenue* gehört zu den beliebtesten Fotomotiven der Insel.

Um nach Mandeville zu gelangen, muß die Straße ordentlich in Serpentinen klettern. Der Verkehr wird dichter, in waghalsigen Überholmanövern versuchen Lkw und Minibusse, vor jeder Steigung die beste Ausgangsposition für einen unbehinderten Aufstieg zu ergattern.

Verläßt man Black River Richtung Osten und folgt mehr oder weniger der Küste, liegen zunächst noch einige einfache Pensionen am Wasser. Hier machen vor allem Jamaikaner Urlaub. Die Landschaft wird immer karger, Weiden dominieren. Die Straße verläuft kreuz und quer, und man tut gut daran, häufiger nach dem Weg zu fragen: Treasure Beach heißt das Ziel, wo sich seit einigen Jahren ein bescheidener Tourismus entwickelt. Es sind in erster Linie unternehmungslustige Individualreisende, die die lange Anfahrt nicht scheuen und die kein perfektes Ferienparadies mit allem Schnickschnack suchen. Ruhig ist es in dieser Region, die schönen Strände beinahe menschenleer, das Meer schon einmal rauh, das Klima trocken und heiß, die Vegetation eher spärlich. Jamaika zeigt im Süden ein anderes, keinesfalls unattraktives Gesicht.

Je weiter man nach Osten vorstößt, um so trockener wird die Landschaft. Mannshohe Kakteen und unberührte Strände ohne Schatten sind keine Seltenheit.

Doch man braucht Zeit, um sich in diesem touristischen Niemandsland weiter vorzuarbeiten. Ein eigener Wagen ist unerläßlich, um Alligator Pond und Milk River Bath zu entdecken.

BLACK RIVER

(112/A2) An der westlichen Südküste sind größere Orte rar. Black River, Kreishauptstadt von St. Elizabeth, gilt mit etwa 3800 Ew. schon als ansehnliches Städtchen. Das Leben verläuft geruhsam. Von Sonntag bis Donnerstag döst es vor sich hin, unbeeindruckt von dröhnend lauter Musik, mit der riesige Lautsprecherboxen die Straßen beschallen. Am Wochenende, wenn Markt ist, erwacht es zum Leben.

Black River war um die Jahrhundertwende ein geschäftiger Hafen. *Kampecheholz* oder Blauholz genannt, aus dem man Farbstoff gewann, wurde auf dem Black River zum Meer transportiert, verladen und nach Europa verschifft. Der Anbau von Zuckerrohr sorgte ebenfalls für gute Geschäfte. Spuren des ehemaligen Reichtums gibt es noch zu entdecken. Entlang der Uferstraße, der High Street, stehen einige schöne Patrizierhäuser im georgianischen Zuckerbäckerstil. Aufwendige Schnitzereien zieren Giebel und Balkone. Einst leuchteten sie in bunten Farben, heute dämmern viele im Dornröschenschlaf. Einige strahlen, wie das Waterloo Guest House, renoviert im alten Glanz.

Black River liegt zwar direkt am Meer, doch es hat keinen schönen Strand, und das Wasser lädt nicht zum Schwimmen ein. In der Stadt selbst gibt es nicht viel Sehenswertes: ein Bummel über die High Street und den Markt, eine Flußfahrt auf dem Black River – das ist es. Der Ort eignet sich jedoch hervorragend, um von hier aus die lohnenden Sehenswürdigkeiten in der Umgebung zu erkunden.

BESICHTIGUNG

Black River **(112/A2)**
Eine Fahrt auf dem Black River, mit 70 km Jamaikas längster Fluß, ist die Attraktion. Das Wasser des Flusses scheint wegen des dunklen Grundes schwarz. Dabei ist es kristallklar. An den Ufern ankern Mangroven mit ihrem dichten Geflecht aus Wurzeln fest im Wasser, hohes Schilf verwehrt Einblicke, Wasserhyazinthen sind zu einem grünen Teppich verwoben. Reiher und andere Vögel verstecken sich im Grün. Die Stars, die die Besucher sehen wollen, heißen Krokodile. Etwa 35 Exemplare zählt die seit 1971 geschützte Kolonie. Die Bootsführer kennen ihre Lieblinge, und zumindest das Krokodil vom Dienst läßt sich willig aus nächster Nähe betrachten und fotografieren. Die Touren dauern etwa anderthalb Stunden. Spezielle Fahrten für Vogelliebhaber können arrangiert werden. Gestartet wird täglich direkt hinter der Brücke an beiden Ufern des Flusses: *Black River Safari Tours, Tel. 965/25 13, oder St. Elizabeth Safari, Tel. 965/23 74, etwa US$ 15 pro Person.*

RESTAURANTS

Caribbe
◎ Im Zentrum, hinterm Markt, werden auf blanken Tischen

nicht nur schmackhaftes jamaikanisches Curry goat, sondern auch Hamburger serviert. *Mo–Sa 10 bis 22 Uhr, Brigade St., Kategorie 3*

Waterloo

Im Restaurant des Hotels im georgianischen Stil scheint die Zeit stehengeblieben zu sein. Jamaikanische Küche mit Hühnchen, Fisch, Gegrilltem usw. *So–Mo 8–22, Fr/Sa bis 24 Uhr, 44 High St., Tel. 965/22 78, Kategorie 2–3*

Willows

Der Speiseraum ist etwas kahl und ungemütlich. Das Essen mit lokalen und internationalen Gerichten jedoch gut, wenn auch dem europäischen Gaumen der Rundreise-Touristen, die hier ab und an Station machen, angepaßt. Dann werden vor dem Hauptgericht kleine Appetithappen gereicht. *Tgl. 7–22 Uhr, Invercauld Hotel, 65 High St., Tel. 965/27 50, Kategorie 2*

EINKAUFEN

Markt

Am Donnerstagabend, wenn der wöchentliche Markt beginnt, erwacht das Städtchen. Die hölzernen Gestelle in der offenen Markthalle und in den angrenzenden Straßen werden mit Waren beladen. Ein buntes Treiben beginnt. Selbst nachts haben Stände geöffnet. *Beginn Do 17.30 Uhr, Ende Sa 17.30 Uhr, Marktgelände Brigade St.*

HOTELS

Ashton Great House

Wenige Kilometer entfernt von Black River, auf der Straße nach Middle Quarters, liegt die kleine Ortschaft Luana, erhöht auf einem Hügel ihr renoviertes Haupthaus. Es strahlt in Weiß und Türkis und hat Swimmingpool und Reitstall nahe bei. Die »gute Stube« dient als gemütliches Restaurant – viel Fisch – und verköstigt werden nicht nur Hotelgäste. Die Zimmer, mit abgeteilten Bädern im selben Raum, sind einfach. Von den Terrassen schweift der Blick weit über die fernen Hügel und die Küstenebene bis aufs Meer hinaus. *27 Zi., P. O. Box 104, Luana, Tel./Fax 965/20 36, Kategorie 3*

Invercauld Great House & Hotel

Das über hundert Jahre alte Herrenhaus im kolonialen Zuckerbäckerstil leuchtet in frischem Schneeweiß. Es liegt am Ortseingang, etwas zurückgesetzt von der Uferstraße. Es wurde renoviert und neue Gebäude im alten Stil entstanden. Im Haupthaus gibt's mit alten Möbeln hübsch eingerichtete Zimmer in unterschiedlichen Größen, in den Neubauten werden Suiten vermietet. Es ist das komfortabelste Haus am Platze. Mit Restaurant, Bar, Tennisplatz und Swimmingpool. *48 Zi., P. O. Box 12, 65 High St. 65, Tel. 965/27 50, Fax 965/27 51, Kategorie 2–3*

Waterloo Guest House

Das blaugestrichene, alteingesessene Hotel rühmt sich, das erste mit elektrischer Stromversorgung in Jamaika gewesen zu sein. Es bietet einfachere Zimmer im Haupthaus, etwas komfortablere im Neubau. Es liegt zentral und an der Küstenstraße. Restaurant im alten Dekor, außerdem Swimmingpool. *21 Zi., 44 High St., Tel. 965/22 78, Fax 965/20 95, Kategorie 3*

SPIEL UND SPORT

Strand
Einen öffentlichen Strand findet man östlich der Stadt beim Safari Beach Club. Er ist recht naturbelassen, das Wasser nicht einladend. Dafür dröhnt in der Bar die Musik um so lauter.

AUSKUNFT

Jamaica Tourist Board
Mo–Fr 8.30–16.30 Uhr, Tel. 965/20 74, 2 High St.

ZIELE IN DER UMGEBUNG

Accompong **(108/B4–5)**
★ Hoch oben am Rande des unzugänglichen Cockpit Country liegt der Hauptort der Leeward-Maroons. Um die 3000 Nachfahren der ersten, von den Spaniern freigelassenen Sklaven leben heute noch zurückgezogen in den Bergen. Fast hundert Jahre kämpften sie für ihre Unabhängigkeit gegen die Briten, bis 1738/39 Friedensverträge geschlossen wurden. Die Maroons konnten einen gewissen Autonomiestatus bis heute bewahren. Sie zahlen keine Steuern, sprechen Recht über Delikte, die Maroons auf dem Gemeinschaftsland begehen, und regeln die Landvergabe nach Bedarf und Befähigung der Gemeindemitglieder.

Die Unabhängigkeit bringt den Nachteil, daß der jamaikanische Staat den Maroons keinerlei regelmäßige finanzielle Zuwendungen gewährt. Die sichtbarste Auswirkung: Die Straßen nach Accompong sind abenteuerlich, ein Hinkommen extrem mühsam. Die Zufahrt wählt man am besten aus Richtung Maggotty.

Ein Besuch sollte vorher beim amtierenden Colonel, quasi dem Staatschef, angemeldet werden.

In Accompong leben die Nachfahren der kämpferischen Maroons

Man wird liebenswürdig empfangen und herumgeführt. Etwas außerhalb steht der große Kindah-Baum, unter dem sich bei den Unabhängigkeitsfeiern am 6. Januar Tausende von Maroons aus aller Welt versammeln. Der Ausblick von hier auf die bizarren Hügel des Cockpit Country ist einzigartig. Man bekommt eine Ahnung davon, wie schwer es war, die Maroons und entlaufene Sklaven, die bei ihnen Zuflucht fanden, aufzuspüren. Eine Wanderung über unbefestigte Pfade führt ins tiefergelegene Old Town und zum Grab des Anführers und Helden Koyo. Heute weiden Kühe auf der Wiese, wo gut versteckt das Dorf stand. Ringsum wuchert für unsere Augen ein Dickicht, für die Maroons ein unerschöpfliches Reservoir an Heilkräutern, Gewürzen, Tees, eßbaren Früchten. Bei genauem Hinsehen entdeckt man, wie intensiv jedes Stückchen Boden genutzt wird. Die Maroons sparen nicht mit Erklärungen und Anekdoten. Anschaulicher kann kein Museum oder botanischer Garten die Naturschätze Jamaikas illustrieren. Doch Accompong ist kein Museumsdorf. Besucher kommen unregelmäßig und eher selten. Sie sind willkommen und sollten sich Zeit nehmen, Menschen und Landschaft zu erfahren. Anmeldungen an: *Chief Meredie Rowe, Bethsalem P. A., St. Elizabeth, Tel. 952/17 74.* Er ist allerdings schwer zu erreichen. Organisierte Ausflüge *Di, Do und Sa, Tel. 952/ 45 46, US$ 50*

Appleton Estate (112/B1)

Touren zur größten Rumbrennerei Jamaikas werden von allen touristischen Orten der Insel angeboten. Am bequemsten ist die Brennerei jedoch von Black River aus zu erreichen. Die Besichtigung läßt sich mit dem Besuch der Y. S. Falls verbinden. Der Weg ist gut ausgeschildert (Appleton Rum Tour). Spätestens hinter Maggotty rasen Lkw, hoch beladen mit Zuckerrohr, auf der schmalen Straße Richtung Siloah. Die Luft schmeckt süßlichgärend. Inmitten von Zuckerrohrfeldern taucht die rußige Fabrik auf. Aus Schornsteinen quillt schwarzer Rauch. Gerne glaubt man, daß Teile der Anlage über 100 Jahre alt sind. Eine Videopräsentation gibt zunächst eine Einführung. Versorgt mit Hintergrundinformationen beginnt die eigentliche Besichtigung, begleitet von einer kundigen Führerin. Es werden auch Touren auf Französisch und Deutsch angeboten. Demonstriert wird die Arbeitsweise der alten, mechanischen Zuckerrohrpresse. Der Rundgang führt dann zur Destillerie mit den Brennöfen und der Lagerhalle mit den Rumfässern. Am Schluß gibt's eine kleine Rumprobe. *Mo–Fr 9–15.30 Uhr, Eintritt US$ 12, Siloah P.O., St. Elizabeth, Tel. 963/ 92 15.* Organisierte Ausflüge sind auch über die örtlichen Veranstalter in den Ferienorten zu buchen.

Y. S. Falls (112/A1)

★ Einer der schönsten Wasserfälle Jamaikas versteckt sich im Hinterland von Black River. Bis Middle Quarters folgt man der gut ausgebauten Hauptstraße nach Mandeville und biegt wenig später links ab. Nach etwa drei km markiert ein kleines Schild eine weitere Abzweigung nach links. Der Feldweg führt an ausgedehnten Plantagen vorbei zu einem Parkplatz und einem Verwaltungsgebäude. Die Fälle sind nämlich Privateigentum, das nur während einer geführten Tour in Augenschein genommen werden darf. Vom Parkplatz transportieren traktorgezogene Planwagen die Schauwilligen zur Naturschönheit.

Endstation ist eine parkähnliche Anlage am Fuß der Fälle: ein plätschernder Fluß, blühende Sträucher am Ufer, gepflegter Rasen, Bänke laden zum Rasten ein. Rund um einen dicken Baum wurde in luftiger Höhe ein Baumhaus gebaut. Die weitere Erkundung erfolgt auf eigene Faust und zu Fuß. Der Y. S. River stürzt in etwa 15 Stufen zu Tal. Auf einem befestigten Weg läßt es sich an der Seite bequem und trocken hinaufsteigen. Junge Männer winken mit Schwimmreifen und animieren zu einem Bad in einem der Bassins. Die Y. S. Falls sind nicht spektakulär, aber bezaubernd schön. Noch nicht von Besuchern überlaufen, wecken sie Vorstellungen an den Garten Eden. *Di–So 9.30 bis 15.30 Uhr, zwei Wochen im Okt. geschl., Eintritt US$ 9*

Middle Quarters **(112/A2)**

Der Weg nach Accompong, Appleton und den Y. S. Falls führt durch *Middle Quarters.* Dieses Straßendorf hat sich auf Zubereitung und Verkauf von scharfen Krabben spezialisiert. Rechts und links der Straße stehen Buden, in denen die Tierchen in Salzwasser mit rotem Pfeffer gekocht und anschließend in Portionen ab J$ 50 dem Vorbeifahrenden angeboten werden. Wer sicher gehen will, der schaut in die Töpfe und wählt selber. Nicht vergessen, ein Getränk gegen den Durst zu kaufen!

NEGRIL

(106/A4) Elf km ist er lang, der Strand von Negril, und damit der längste auf Jamaika. Sanft laufen türkisfarbene Fluten auf weißem Sand aus. Palmen, darunter viele halbwüchsige, und andere Bäume spenden etwas Schatten. Der südliche Strandabschnitt ist der lebhafteste. Pensionen, kleine Hotels und Strandbars liegen dicht beieinander. Jetski, Surfbretter, Tretboote können gemietet werden, während die jamaikanischen Beachboys ihre Fertigkeiten im Strandkricket verfeinern oder zusammen mit den Gästen Volleyball spielen. Die schaukeln allerdings noch lieber auf Luftmatratzen im seichten Wasser, schwimmen in den meist abgeteilten Badezonen, jagen oder dümpeln je nach gemietetem, schwimmbarem Untersatz in Küstennähe oder weiter draußen übers Meer. Der Strand von Negril ist nichts für empfindliche Seelen, besonders wenn sie nach paradiesischer Einsamkeit suchen. Die Zeiten, als die Blumenkinder den abgelegenen Strand entdeckten, an dem bis dahin nur ein paar Fischer lebten, sind lange vorbei.

Heute zählt Negril gut 4000 Einwohner und ist ein aufstrebender Touristenort. Es gibt so gut wie nichts, was am Strand von Negril nicht jedem angeboten wird, jeweils ausdauernd und das oft mehrmals. Weiter nördlich stehen die größeren Hotels, dort geht es etwas ruhiger zu. Ord-

Der Escoveitch fish im Cosmo's ist preisverdächtig

nungshüter haben hier ein wachsames Auge auf das Geschehen, und Hotelfremde müssen oft ganz wegbleiben.

Parallel zum Strand verläuft die Hauptstraße und Lebensader Negrils, der *Norman Manley Bd.*, gesäumt von unzähligen Souvenirständen, Fahrrad-, Moped- oder Motorradverleihen. Mit dem Motorrad die Straße entlangzubrausen nach dem Motto, sehen und gesehen werden, erfreut sich großer Beliebtheit. Der Norman Manley Bd. endet am Kreisverkehr. Hier im Mittelpunkt von Negril City findet man ein Einkaufszentrum mit verschiedenen Läden und eine Wechselstube. Ungefähr auf gleicher Höhe endet auch der Strand. Klippen erheben sich über kleinen, felsigen Buchten, in denen das Wasser in allen Blauschattierungen schimmert. Die *West End Road* schlängelt sich um die Klippen und windet sich um den Leuchtturm. Auf dem schmalen Streifen zwischen Straße und Kliffkante nisten in idyllischer Lage kleine Pensionen und Privatunterkünfte.

BESICHTIGUNGEN

Booby Cay

Die kleine Insel diente als Kulisse in der Verfilmung von Jules Vernes' »20 000 Meilen unter dem Meer«. Alles Illusion – in solche Abgründe fällt das Meer nicht ab! Davon kann sich jeder schnorchelnd überzeugen. Es gibt einen regelmäßigen Bootspendelverkehr zwischen Küste und der nahen Insel.

Rick's Cafe

Jeden Nachmittag, schon zwei Stunden vor Sonnenuntergang, pilgern Touristenströme zu Rick's Cafe. Die Schaulustigen drängeln sich am Rande der Klippen. Vollbesetzte Katamarane und andere Boote kreuzen vor der Küste. Ähnlich wie Key West in Florida ist Rick's Cafe auf Jamaika der Platz, um den Sonnenuntergang zu genießen. Bis zum Versinken der Sonne im Meer wird eine fröhliche Party gefeiert. Für die Unterhaltung sorgen mutige Männer und Frauen, die sich von den Klippen ins dunkelblaue Wasser stürzen. Da gibt's wahre Akrobaten zu sehen, aber auch eine Reihe unglücklicher Figuren – sehr zur Schadenfreude des Publikums. *Nahe dem Leuchtturm, West End Road*

RESTAURANTS

Beinahe jedes Hotel hat ein Restaurant. Darüber hinaus finden sich unzählige sowohl am Strand wie auf den Klippen. Viele enttäuschten, deshalb wird auf »Bratwurst-Tips« verzichtet, auch wenn die Aussicht aufs Meer noch so schön ist.

Cosmo's

★ Wer möchte, kann beim Essen seine Füße im weichen, weißen Sand vergraben, denn einige Tische stehen unmittelbar am Strand unter heranwachsenden Palmen. Die Küche ist auf Fischgerichte spezialisiert. *Escoveitch fish* – gegrillter Fisch mit scharfer Pfeffersoße – steht inselweit auf einigen Speisekarten, doch der hier gebotene stellt seine Mitbewerber in den Schatten. Jamaikaner und Touristen schätzen gleichermaßen die gute Küche des Cosmo's. Am dazugehörigen schönen, ziemlich ruhigen Strandabschnitt – nördlich neben dem Hotel *Beaches* – läßt's sich gegen eine geringe Gebühr (J$ 10) den ganzen Tag aushalten. *Tgl. 10.30 bis 22 Uhr, Norman Manley Bd., Tel. 957/43 30, Kategorie 2–3*

Lighthouse Inn Restaurant

Exzellente jamaikanische Küche, gepaart mit Gespür für geschmackvolles Ambiente, charakterisieren das Lokal des deutsch-jamaikanischen Paares Inge und Penny Hill. Es liegt in einem tropischen Garten. Die Weine sind ausgesucht und ebenfalls sehr zu empfehlen. Da nur wenige Tische vorhanden sind, ist eine Reservierung angebracht. *Tgl. 18.30 bis 23 Uhr, West End Rd., Tel. 957/40 52, Kategorie 1–2*

Sweet Spice

Dieses einfache Restaurant in knallblauer Holzhütte liegt an der Straße nach Savanna-La-Mar. Blümchenvorhänge und Bilder an den Wänden schaffen karibische Gemütlichkeit. Serviert werden pikant gewürzte, lokale Gerichte wie Fischcurry in Kokosmilchsoße oder Ochsenschwanz-Gulasch. Bei Jamaikanern beliebt und abends sehr gut besucht. *Tgl. 7–23 Uhr, White Hall Rd., Tel. 957/46 21, Kategorie 3.* Der Ableger *Sweet Spice 2* liegt in der *Nähe des Sam Sara Hotels* an der *West End Rd.*

HOTELS

Negril wächst und wächst. Immer neue Hotels und Pensionen entstehen. Noch gibt es ein paar unbebaute Grundstücke sogar direkt am Strand – eine Frage der Zeit, bis sie vollgebaut werden. Glücklicherweise gibt es ein Gesetz, das vorschreibt, daß kein Gebäude höher als die höchste Palme sein darf. Völlig unproportionierte Klötze werden so verhindert, und die Feriendomizile fügen sich halbwegs harmonisch in die Landschaft ein.

Coral Seas Cliff
Die Anlage liegt am West End auf den Klippen. Die Zimmer sind auf mehrere Gebäude verteilt, geräumig und zweckmäßig eingerichtet. Alle haben einen großen Balkon und Meerblick. Mit Swimmingpool, Restaurant und diversen Sportmöglichkeiten. *28 Zi., P. O. Box 91, West End Rd., Tel. 957/31 47, Fax 957/42 69, Kategorie 2–3*

Lighthouse Village
Gegenüber vom Leuchtturm, versteckt unter Bäumen, stehen die Holzbungalows von Inge und Penny Hill, dem schon erwähnten Ehepaar. Die beiden arbeiten an der Verwirklichung ihres Traums von einer ökologisch orientierten Ferienanlage. Die komfortablen Hütten für zwei oder vier Personen sind mit einer kleinen Küche ausgestattet. Von den Terrassen können Kolibris und andere tropische Vögel beobachtet werden. Um zum Ort und Strand zu kommen, braucht man Fahrrad oder Moped, dafür wohnt man naturnah. Das zugehörige Restaurant ist gut zu Fuß zu erreichen. *4 Cottages mit 8 Zi., P. O. Box, West End Rd., Tel. 957/40 52, Fax 957/09 42, Kategorie 3*

Negril Cabins
Die Bungalowanlage liegt nicht direkt am Strand, der über die Straße zu erreichen ist, dafür in einem schönen tropischen Garten. Die Holzhäuser stehen auf Pfählen. Am ruhigen Nordende gelegen. *82 Zi., Norman Manley Blvd., P. O. Box 118, Tel. 957/53 50, Fax 957/553 81, Kategorie 2*

Negril Gardens
Rosa, weiß und viel Holz zeichnen dieses Hotel aus. Einzelne

Wahlheimat für Literaten

Jamaika ist nicht nur malerische Kulisse zahlreicher Leinwandstreifen, sondern bot und bietet Stoff für Romane zweier Literaten, denen die Insel zur Wahlheimat wurde. Ian Fleming, britischer Schriftsteller (1908–1964) lebte viele Jahre bis zu seinem Tod in der Villa »Goldeneye« an der Nordküste. Das Haus ist heute Privatbesitz und kann nicht besichtigt werden. Hier wurde James Bond, der Superman der Agenten, geboren. Seinen Namen verdankt er dem Verfasser des ornithologischen Werkes »Birds of the West Indies«. In »James Bond jagt Dr. No« und »Leben und Sterben lassen« borgte sich Fleming die pittoreske Szenerie Jamaikas als Schauplatz für die Jagd auf das Böse.

Peter-Paul Zahl ist der »Bad Boy« der deutschen Literatur. 1944 geboren, brachten ihn ein Schußwechsel und die politischen Auseinandersetzungen um den Terrorismus 1972 für etliche Jahre ins Gefängnis. Hier entstand sein bislang bekanntestes Werk »Die Glücklichen«. Seit 1985 lebt er in Long Bay in der Nähe von Port Antonio und arbeitet an einer Krimiserie, deren erste Bände bereits in Deutschland erschienen sind. Mit viel Gespür macht er den Leser mit den Spielregeln der jamaikanischen Gesellschaft vertraut.

Gebäude stehen luftig in Reihen gestaffelt am südlichen, lebhaften Strandabschnitt. Die Anlage ist modern, gepflegt, die Zimmer nicht allzu groß, dafür mit Balkonen oder Terrasse ausgestattet. Swimmingpool, Tennisplatz. *65 Zi., P.O. Box 58, Norman Manley Bd., Tel. 957/44 08, Fax 957/43 74, Kategorie 1–2*

Our Past Time Villas
Am nördlichen Teil des Strandes liegt das kleine Hotel inmitten tropischen Grüns und dicht am Wasser. Die Zimmer sind geräumig, einige haben eine Kochnische, alle Balkon oder Terrasse, die meisten Meerblick. Abseits des Trubels lassen sich hier entspannte Strandferien genießen, das allgemeine Vergnügen nicht allzu fern. Auch Wassersportangebot in der Nähe, Restaurant und Strandbar gehören zum Hotel. *17 Zi., P.O. Box 45, Norman Manley Bd., Tel. 957/52 03, Fax 54 22, Kategorie 2*

Swept Away
Der Strand hier am mittleren und schon etwas ruhigeren Abschnitt ist besonders breit und schön. Nahtlos schließt sich ein Garten an, in dem die einzelnen Gebäude der All-inclusive-Anlage für Hetero-Pärchen eingebettet sind. An der Promenade unter Palmen werden am Tage Souvenirs verkauft. Der Club ist umweltfreundlich orientiert, viele Naturmaterialien wurden zum Bau verwendet. Im Alltag gibt es keine Wegwerfbecher oder derartige Gedankenlosigkeiten. Breites Sportangebot, darunter Golf, Tennis, Tauchen, Wasserski, Surfen, Squash, Fitneß-Center und ein spezielles Sportbecken fürs Schwimmtraining. *134 Zi., P.O. Box 77, Norman Manley Bd., Tel. 957/40 61, Fax 957/40 60, Kategorie L*

Travellers Beach Resort
Die einfachen Standardzimmer sind in weißgestrichenen Holz-Cottages, die Deluxe-Zimmer mit Klimaanlage und TV in einem zweistöckigen Gebäude untergebracht. Am südlichen Ende des Strandes gelegen. *38 Zi., Norman Manley Blvd., Tel. 957/30 39, Kategorie 3*

SPIEL UND SPORT

Die All-inclusive-Clubs bieten eine große Auswahl an Sportmöglichkeiten: vom gestylten Kraftraum über Squash bis hin zu Yoga. Die Sportanlagen des Swept-Away-Hotels können auch von Gästen anderer Hotels gegen Gebühr genutzt werden *(Tel. 957/40 61)*.

Der *Negril Hills Golf Club* liegt zwei Meilen landeinwärts *(Tel. 957/46 38)*.

Country Western Horseback Riding (Tel. 957/32 50).

Ausfahrten zu den schönen Riffen unweit der Küste bieten u.a. an: *Negril Scuba Centre (Negril Beach Club, Norman Manley Bd., Tel. 957/44 25), Sundivers (Poinciana Beach Hotel, Norman Manley Bd., Tel. 957/40 69)*. Beide haben in Negril mehrere Zweigstellen. Überall am Strand gibt es unzählige Wassersportmöglichkeiten, z.B. Windsurfen, Parasailing, Kanufahren.

Strände
★ Long Bay ist elf km lang, mit puderweichem Sand; die Hotels direkt an der Beach haben mei-

stens Strandrecht, beschäftigen Wachpersonal und halten allzu aufdringliche Händler fern. Es gibt noch wenige Abschnitte mit ursprünglicher Vegetation.

Bloody Bay schließt sich in Richtung Montego Bay an und wird vor allem am Wochenende von Jamaikanern besucht. Am felsigen Westende sonnt man sich auf den Plateaus und klettert über Leitern ins Meer hinab.

AM ABEND

Im Winter treten regelmäßig, im Sommer sporadisch lokale, auch internationale Reggae-Stars wie der Bob-Marley- Sohn Ziggy auf. Die Veranstaltungen finden meist in Entertainment-Centren statt, die nur für Veranstaltungen geöffnet sind. Sie haben eine Bühne und Buden, in denen Getränke und Kleinigkeiten verkauft werden. Außer in Kingston gibt es in keinem anderen Ort der Insel ein so großes Angebot an Live-Konzerten. Die Termine werden bekanntgegeben auf Plakaten, die an den Laternenpfählen angeschlagen werden. Die Konzerte beginnen gegen 22 Uhr und dauern bis in den frühen Morgen. Die vier wichtigsten Festgelände sind: *Central Park, De Buss, Kaiser's Cafe, MX III* und *Sam Sara. Eintritt etwa J$ 200 oder mehr.* Jede Woche gibt's Live-Musik in den Strandlokalen *Alfredo, Risky Business* und *Roots Bamboo.*

AUSKUNFT

Jamaica Tourist Board
Mo-Fr 8.30–16.30 Uhr, Sa 9 bis 13 Uhr, Tel. 957/42 43, P.O. Box, Adrija Shopping Centre, Shop No. 9

ZIELE IN DER UMGEBUNG

Sowohl Montego Bay als auch Black River und ihre Sehenswürdigkeiten in der Umgebung sind in Tagesausflügen zu erreichen. Infos über organisierte Touren gibt jedes Hotel oder das Jamaica Tourist Board.

Wassersport wird am Strand von Negril großgeschrieben

TREASURE BEACH

(112/B4) Hinter Black River schlängelt sich die schmale Straße durch die Küstenebene. Rechts und links Weiden. Nur manchmal umzäunen Stacheldraht und Latten die meist braunen Kühe. Öfter wandern die Tiere gelassen auf dem Asphalt umher. Sie scheinen überrascht, wenn ihnen ein Auto den Platz streitig macht. Die Erde ist trocken, statt tropischer Vegetation gibt es savannenähnliche Steppen. Die Straße verzweigt sich. Locker verstreut verteilen sich kleine, propere Häuser: Treasure Beach ist erreicht.

Der »Schatz« liegt ungefähr in der Mitte zwischen Kingston und Negril. Ehemals ein reiner Fischerort, ziehen die leicht geschwungenen Buchten, mit feinem, dunkelgelben Sand gefüllt, inzwischen Individualreisende aus der ganzen Welt an. Luxusherbergen, Nachtleben oder gar Duty-free-Shops gibt es hier nicht. Dafür kennt man sich schnell untereinander. Die Jamaikaner geben sich als Gastgeber, die Besucher fühlen sich als Gäste willkommen. Ein Schwätzchen hier, ein Schwätzchen dort. Plaudern um des Plauderns willen, kein Geschäftsinteresse trübt den Konversationsspaß.

Touristische Attraktionen gibt es nicht. Eine Strandwanderung über mehrere Buchten hinweg, das Brausen der Brandung im Ohr, gekühlt von einem frischen Wind – das beste Sportangebot am Ort. Treasure Beach eignet sich als Ausgangsort für Touren entlang der Südküste bis nach Milk River und nach Mandeville. Allerdings sollte man schon vorher einen Mietwagen besorgt haben. In Treasure Beach sind die Leihmöglichkeiten äußerst begrenzt. Den besten Weg sollte man sich erklären lassen. Die Straßenkarte gibt nur Anhaltspunkte. Oft erweist sich ein längerer Weg als schneller. Tip: In Treasure Beach haben sich US-Dollar und Kreditkarten noch nicht als Zahlungsmittel durchgesetzt, deshalb genügend Jamaika-Dollars einstecken.

RESTAURANTS

Die Szene ist überschaubar, die Tips sind schnell ausgetauscht. Bei einem Aufenthalt von mehr als drei Tagen wird man zwangsläufig zum Wiederholungstäter. Der Tourismus steckt eben noch in den Kinderschuhen. Gerade das macht Treasure Beach dem Urlauber zum Schatz.

South Jammin

Das Café-Restaurant mit Billardtischen hat sich schon nach kurzer Zeit einen festen Platz im gesellschaftlichen Leben von Treasure Beach gesichert. *Tgl. 8 bis 24 Uhr, an der Hauptstraße, Tel. 965/01 36, Kategorie 2*

Tiffany's

Durch und durch pastellig rosablau gestylt ist dieses moderne Restaurant. Neonbeleuchtung verstärkt das kühle Ambiente. Die Jamaikaner finden's cool und meinen »Klasse«. Das Essen ist gut, aber nicht aufregend. Auf den Tisch kommen typische Gerichte wie Fisch und Hühnchen in Variationen. Am Abend trifft man sich hier auf einen Drink. *Tgl. 11–22 Uhr, an der Hauptstraße, Tel. 965/03 00, Kategorie 2–3*

In Treasure Beach ist alles (noch) so ursprünglich wie ersehnt

Trans Love

Vor der Hütte stehen ein paar Tische und Stühle unter einem schattenspendenden Palmdach im Garten. Beim Frühstück mit selbstgebackenem Brot, Eiern, Säften und Fruchtsalat oder einem Stück köstlichen Kuchen tauschen die kleine touristische Gemeinde und jüngere Jamaikaner Neuigkeiten aus. Auf Voranmeldung wird im Winter Abendessen, auf Wunsch vegetarisch, zubereitet. In der Nähe des Treasure Beach Hotels. *Tgl. 8–17 Uhr, Four Corners, Tel. 965/04 86, Kategorie 2–3*

Yabba

Es ist das beste, aber auch teuerste Restaurant in Treasure Beach. Während im Hintergrund die Brandung grollend auf den Strand schlägt, der Mond hinter hohen Palmen emporwandert, werden auf der überdachten Terrasse stilvoll sehr schmackhafte jamaikanische Fisch- und Fleischgerichte serviert. *Tgl. 7 bis 22 Uhr, Treasure Beach Hotel, Tel. 965/01 10, Kategorie 1–2*

HOTELS

Im Ort gibt es nur ein richtiges Hotel, das Treasure Beach Hotel. Mit Luxusresorts à la Montego Bay und Ocho Rios oder einer breiten Unterkunftspalette wie in Negril kann Jamaikas Tourismus-Sprößling nicht dienen. Doch an der Hauptstraße finden sich eine ganze Reihe von kleinen Pensionen und Privatunterkünften. Auch können private Villen, teilweise mit Swimmingpool, gemietet werden. Auskunft erteilt das *Jamaica Tourist Board* in *Black River.*

Golden Sand

Die schlichte Pension liegt am Hauptstrand und ist bei deutschen Gästen beliebt. Der freundliche

Besitzer Louis Winford kümmert sich persönlich um das Wohl seiner Gäste. *15 Zi., Main Rd., Tel. 965/01 67, Kategorie 3*

Jake's

★ Das farbenfrohe Design der Cottages erfreut das Auge und stimmt heiter. Jedes ist individuell gestaltet und eingerichtet in einem Stil, der marokkanische und mexikanische Elemente vereint. Alle liegen direkt am Meer über den Klippen. Ein klitzekleiner Strand lädt zum Sonnen ein, ein origineller Salzwasserpool sorgt für Erfrischung – ganz ohne Unterströmungen, mit denen das Meer schon einmal aufwartet. Mit Strandbar und ausgezeichnetem Restaurant. *8 Zi., Treasure Beach, Calabash P. O., St. Elizabeth, Tel. 965/05 52, Fax 965/06 35, Kategorie 2–3*

Sunset Resort Villas

Die Villa und die kleinen Nebengebäude liegen direkt oberhalb einer der schönen Strandbuchten. Die Atmosphäre ist privat, man fühlt sich gleich wie zu Hause. Mit Swimmingpool, großem Wohnbereich für alle, Bar und Restaurant. Komfortable Zimmer, teilweise mit Küche. *11 Zi., Calabash Bay. P. A., St. Elizabeth, Tel. 965/01 43, Fax 965/05 55, Kategorie 2–3*

Treasure Beach Hotel

Es ist in den Hang oberhalb des schönsten Strandes gebaut. Das Restaurant und der ältere Wohnblock mit den Standardzimmern liegen ganz oben, weiter unten – dicht am Meer – Swimmingpool und die neuen Zimmer mit schönen Balkonen. Von Restaurant und Bar hat man einen wunderschönen Blick auf Palmen und Meer. *36 Zi., P. O. Box 5, Black River, Tel. 965/23 05 und 965/01 10, Fax 965/25 44, Kategorie 2*

SPIEL UND SPORT

Mehrere Sandstrände reihen sich aneinander. Ein organisiertes Strandleben mit Erfrischungsbuden oder Wassersport gibt es nicht. Für Fischer, Jogger, Strandläufer und Sonnenanbeter ist genügend Platz. Manchmal rollt die Brandung in hochschäumenden Wellen ans Ufer, und kräftige Strömungen erlauben nicht immer gefahrloses Schwimmen. Floßfahrten auf dem Black River organisiert: *Middle Quarter Rafting, Mo–Sa 9–16.30 Uhr, 15 US$, Tel. 965/23 74*

AM ABEND

Einziger Nightspot im Ort ist ☉ ☥ *Fisherman's.* Die Bambusbar ist gemütlich; in der Diskothek im anschließenden Betonbau zählt ab 22 Uhr allein die lautstarke Musik. Fisherman's liegt etwas abseits der Hauptstraße, jeder kann den Weg weisen. Die Bar scheint durchgehend geöffnet, je später man hingeht, desto besser die Stimmung.

ZIELE IN DER UMGEBUNG

Alligator Pond **(113/D4)**

Der kleine Fischerort ist wirklich nicht leicht zu erreichen. Ein wenig muß man sich auf seinen Spürsinn verlassen oder eben an jeder Kreuzung nach dem Weg fragen. Doch die Mühe lohnt sich für den, der das ursprüngliche Jamaika erleben will. Gegen Mittag putzen und verkaufen die Fischersfrauen direkt am Strand aus Plastikschüsseln und Wannen den Fang der Männer. Am Samstag kommen Kunden aus der ganzen Umgebung, denn dann ist außerdem Markt im Ort. Verstärkte Reggaebeats bringen Trommelfelle und Hüften zum Schwingen, an der Straße zum Meer sind Stände aufgebaut, an denen Lebensmittel und Gebrauchsgegenstände feilgeboten werden. Obwohl der lange Sandstrand zum Baden lockt, wird dieser Strand weder von Urlaubern noch von Einheimischen für ein längeres Sonnenbad oder Strandleben genutzt. Fangfrischen Fisch gibt es am Strand bei *Little Ochie,* einem urigen Lokal – einige Tische sind in aufgebockten Holzbooten untergebracht. *Tgl. 11–2 Uhr, Kategorie 2–3*

Mandeville (113/D2)

Es ist der Traum wohlhabender Jamaikaner, sich im Alter ins kühle, etwa 650 m hoch gelegene Mandeville zurückzuziehen. Die umfangreichen Bauxitvorkommen in der Umgebung machten die Stadt mit ihren 41 700 Einwohnern reich.

Propere Häuser und viele Villen prägen das Stadtbild. Sie liegen weit verstreut in der hügeligen Landschaft. Mandeville ist stolz darauf, keine Ghettos, dafür die meisten Kirchen und Schulen der Insel zu besitzen. Weit mehr Menschen als in den Bauxitminen arbeiten in der Landwirtschaft. Die Gegend ist die Kornkammer Jamaikas.

Das Zentrum mit der mächtigen Hauptkirche und dem sehenswerten Gerichtsgebäude ist lebendiger Mittelpunkt der Stadt. Direkt hinter der Kirche mit dem verfallenen Friedhof beginnt der große *Markt.* Besonders samstags ist er der Anziehungspunkt für viele Besucher *(Mo–Sa 6–18 Uhr).* Mandeville ist keine Stadt mit besonderen Sehenswürdigkeiten. Sie spielt im kulturellen und geschäftlichen Leben der Jamaikaner aber eine große Rolle. Wer sich intensiver mit der Stadt beschäftigen will, dem sei der individuelle Service von Community Tours empfohlen *(Tel. 962/37 25, Fax 962/14 61).* Mitten im Zentrum und trotzdem ruhig liegt das *Mandeville Hotel,* das bei jamaikanischen Geschäftsreisenden beliebt ist *(60 Zi., 4 Hotel St., Tel. 962/24 60, Fax 962/07 00, Kategorie 2).* Wer von Manchester einen Ausflug in die Hügel machen will, der kann rund 20 km nördlich im Landsitz *Villa Bella* bei Christiana (**113/D1**) einkehren. Das Restaurant bietet jamaikanische Küche *(tgl. 10.30–14, 19–22 Uhr, Kategorie 2).* Für Übernachtungsgäste stehen 18 gemütliche Zimmer zur Verfügung. *P. O. Box 473, Christiana, Manchester, Tel. 964/22 43, Fax 964/27 65, Kategorie 3*

Milk River Bath und Alligator Hole River (113/F4)

Ein Kurbad auf Jamaika: Damit rechnet man als ausländischer Besucher nicht. Schon 1794 wurden die ersten beiden Bäder eröffnet, gespeist von einer Mineralwasserquelle mit hoher Radioaktivität, die neunmal so hoch ist wie die von Bath in England. Rheuma, Rücken- und Kopfschmerzen, Kreislaufprobleme, die Palette der Leiden, die das Wasser lindert, ist noch um einiges länger. Gebadet wird einzeln oder familienweise in abgetrenn-

Zum Kuren in die Karibik? Klar, und das seit 200 Jahren

ten Kabinen mit kleinen Pools. Die Anlage entspricht nicht dem Standard eines europäischen Kurbades, ist aber hygienisch einwandfrei. Die Badezeit wird auf 15 Min. begrenzt. Jamaikaner kommen von weit her, eine telefonische Reservierung empfiehlt sich daher *(tgl. 7–21 Uhr, J$ 50)*. Am Wochenende hat auch ein Mineral-Freibad geöffnet. Wohnen kann man im einfachen *Milk River Bath Hotel* mit dem Charme eines Sanatoriums aus der Zeit der Jahrhundertwende *(15 Zi., Milk River P.O., Clarendon, Tel. 987/65 44, Kategorie 3)*.

Dieser Zipfel der Küste hält noch eine weitere Überraschung bereit. Kurz vor Milk River Bath führt eine Straße nach rechts zum ★ *Alligator Hole River.* Im Mündungsbereich des Flusses leben vier Manati-Weibchen. Die mächtigen Seekühe, die gut und gerne vier Meter lang werden, sind Vegetarier. Sie weiden das Schilf der Ufer ab. Die Nahrung wird für die vier strammen Ladys langsam knapp, deshalb wollte man sie umsiedeln. Doch die Damen entzogen sich ihren Häschern, versteckten sich und lassen es sich am alten Platz immer noch gut gehen.

Auf Wunsch rudert ein freundlicher Aufseher den Fluß aufwärts bis zur Mündung, die von einer Sandbank verschlossen wird. Er kennt die Verstecke der Seekühe, und mit etwas Glück kann man die friedfertigen Gigantinnen im klaren Wasser tauchen sehen. Krokodile soll es auch geben, da sie jedoch nicht gefüttert werden, war keins zu entdecken. Ein Abstecher flußaufwärts führt durch dichte Mangrovenwälder, vorbei an umgekippten Baumstämmen und riesigen Farnen. Am Ausgangspunkt steht ein *Pavillon,* in seinem Inneren informieren Tafeln über die geographische Beschaffenheit und die Flora und Fauna der Gegend *(geöffnet tgl. 7 Uhr bis Sonnenuntergang)*. Für die Bootstour wird nichts verlangt, ein gutes Trinkgeld für die schweißtreibende Mühe ist daher angebracht.

Abenteuer des Alltags

Die hier beschriebenen Routen sind in der Übersichtskarte im vorderen Umschlag und im Reiseatlas ab Seite 106 grün markiert

① RUNDFAHRT DURCH DIE BLUE MOUNTAINS

Über 2000 Meter hoch erheben sich die Blue Mountains im Norden von Kingston. Ihre kühlen, meist nebelverhangenen Gipfel wecken die Neugier des Wanderers. Wer die Mühen einer Erkundung zu Fuß scheut, der sollte sich zumindest per Auto einen Eindruck von dieser einzigartigen tropischen Bergregion verschaffen. Für die gut 80 km lange Rundtour sollten Sie einen ganzen Tag einplanen. Die Straßenverhältnisse sind zum Teil sehr schlecht, und es ist mit einer reinen Fahrzeit, ohne Stopps, von rund dreieinhalb Stunden zu rechnen.

Vorweg eine Empfehlung: Der Mietwagen sollte nicht der kleinsten Kategorie angehören und über ausreichend Bodenfreiheit und PS verfügen. Wer die herrlichen Ausblicke ganz entspannt genießen will, kann beim Autoverleiher einen Fahrer mieten, der zugleich auch noch als Reiseführer interessante Informationen gibt. Ausgangspunkt ist das Devon House an der Hope Road in Kingston. Wir folgen dieser Hauptverkehrsader Richtung Berge, passieren linker Hand das *Bob-Marley-Museum (S. 52)* und erreichen nach knapp 5 km den Vorort Papine, einen lebendigen Marktflecken und Verkehrsknotenpunkt.

Die Berge scheinen jetzt zum Greifen nah. Die Häuser werden spärlicher, und die Straße beginnt sich bergauf zu schlängeln. Direkt hinter einer steinernen Brücke liegt links das *Blue Mountain Inn (Gordon Town Rd., Tel. 927/17 00, Kategorie 1)*, ein vornehmes Restaurant. Danach zweigt die Straße nach Newcastle links ab.

Wir aber folgen der Gordon Town Road nach rechts. Die Steigung nimmt zu, und wir erreichen Gordon Town. Achtung: An der Polizeistation führt die Straße rechts über eine schmale Brücke. Jetzt geht's in Serpentinen steil bergan, vorbei an Kokospalmen, Bananen, Mango- und Ackeebäumen. Der Blick klettert die Hänge hinauf. Sie sind bis auf einige ganz steile Abschnitte bewachsen. Ihr Grün stößt unmittelbar an das Blau des Himmels, wenn nicht gerade Wolkenfetzen vorübertreiben.

Pinien mischen sich unter die Palmen. Die Straße ist schmal

und zwingt bei Gegenverkehr zum Anhalten, vor jeder Kurve zum Gebrauch der Hupe, und die Schlaglöcher verlangen ungeteilte Aufmerksamkeit. In einer dieser Kurven in Worlds End liegt *Sangster's Rum Factory.* Hier werden die namhaften Rumliköre hergestellt *(Besichtigung nach Vereinbarung, Tel. 926/88 88).*

Nach rund 18 km zweigt in Guava Ridge links die Straße nach Pine Grove ab, der wir später folgen. Zunächst geht's weiter geradeaus nach Mavis Bank. Vor dem Ort führt eine kleine Straße geradeaus zur ältesten Kaffeefabrik Jamaikas, der *Mavis Bank Central Factory (nach Anmeldung Mo–Fr 10–16 Uhr, Tel. 977/80 13).* Von der Hauptstraße aus kann man einen Blick auf die unterhalb liegende Fabrik und den zum Trocknen ausgebreiteten Bohnen werfen. Die Ortschaft Mavis Bank ist nach einer guten Stunde erreicht. Von hier aus lassen sich Wanderungen zum Blue Mountain Peak organisieren, und es gibt verschiedene Übernachtungsmöglichkeiten *(S. 57).*

Zurück zur Abzweigung nach Pine Grove. Bei trockenem Wetter lohnt es sich, nach Kolibris Ausschau zu halten. Auch die Ausblicke in die Täler sind schön: weitausladende Bambusstauden, Pinien und Berghänge, die mit dem langhaarigen Elefantengras bewachsen sind, bestimmen das Bild. Rechter Hand passieren wir das *Pine Grove Guest House.* Die Lage ist hervorragend, die Unterkünfte aber sind lieblos *(Content Gap P. A., St. Andrew, Tel. 977/80 09, Fax 977/80 01, Kategorie 2).*

Kurz darauf ist Content Gap erreicht, von jetzt an geht's bergab. Verblüffend viele Häuser schmiegen sich an die Hänge. Ihre Bewohner arbeiten meist in der Kaffeeindustrie. Am Wegesrand wachsen rosablühende Begonien, geben der Straße den Anschein, als wäre sie ein gepflegter Vorgarten. Dazwischen erheben sich wilde Kaffeesträucher, größer als die kultivierten auf den Plantagen, die ständig beschnitten werden, um größeren Ertrag zu erzielen.

In St. Peters überrascht ein kleiner Wasserfall und ein Bach, zu dem man zum Baden hinuntersteigen kann. Dann gabelt sich die Straße, wir folgen dem Weg nach links. Der Straßenzustand verschlechtert sich. Ein Vorwärtskommen ist nur noch im Schneckentempo möglich. Die dichte und ursprüngliche Vegetation entschädigt für die Mühen. Dann wird die Landschaft freier, Kaffeeplantagen breiten sich aus. Ab Silver Hill – wir fahren nach links, nicht geradeaus zur Silver Hill Coffee Factory – wird der Wald mehr und mehr zum Regenwald. In Section stoßen wir auf die B1 von Kingston nach Buff Bay. Von hier sind es rund 28 km bis zur Nordküste. Die Straße ist landschaftlich reizvoll, aber auch in einem katastrophalen Zustand. Wir halten uns links, werfen noch einmal einen Blick auf eine Kaffeeplantage, passieren auf der rechten Seite den *Hollywell Recreation Park (S. 58)* und kehren auf eine Tasse Blue Mountain Kaffee im *Gap Café (S. 57)* in luftigen 1280 m Höhe ein. Eine Etage tiefer liegt die Garnison Newcastle, die 1841 gegründet wurde, um den britischen Soldaten, die unter dem grassierenden Gelbfieber litten, in der Höhenluft gesündere Bedingungen zu bieten. Die Straße führt mitten über den Exerzierplatz. Heute wird der Ort als Trainingslager der Jamaica Defence Force genutzt.

Es geht weiter zügig bergab. Ab Irish Town verbessert sich die Straße erheblich. Im spitzen Winkel zweigt nach links eine steile Auffahrt zum *Craigton Estate* ab. Das pink- und weißgestrichene Greathouse von 1805 wurde hübsch renoviert und ist Mittelpunkt einer Kaffeeplantage, die sich in japanischem Besitz befindet. Die Japaner sind die größten Liebhaber des exzellenten Kaffees. Sie importieren rund 90 Prozent der Produktion. Kurz darauf zweigt nach rechts die Auffahrt zum Hotel *Strawberry Hill (S. 57)* ab. Die Hauptstadt liegt nun wieder gut sichtbar den Bergen zu Füßen. Nach weiteren 10 km erreichen wir bei Industry Village die Gabelung, der wir auf der Hinfahrt rechts nach Gordon Town gefolgt sind.

② VILLAGE TOUR

Quer durch Jamaikas Mitte führt diese rund 140 km lange Tour. Sie ist eine interessante Alternative zu der vielbefahrenen A1 von Spanishtown nach St. Ann's Bay. Wir starten in Treasure Beach an der Südküste, passieren Mandeville, Christiana, Browns Town, Stewart Town sowie Clarks Town und erreichen in Duncans die Nordküste. Am Wegesrand liegt das alltägliche Jamaika, was den Reiz dieser Tour ausmacht. Wir sehen die roten Gruben vom Bauxitabbau und ein Agrarland, in dem nahezu alles gedeiht. Wenn Markttag ist, erwachen die Ortschaften. Ohne nennenswerte Stopps sind es viereinhalb Stunden.

Von Treasure Beach aus geht es vorbei an Weiden, eingezäunt mit runden Holzstecken – wie schon die Arawaks zum Bau ihrer Hütten verwendeten – und Stacheldraht über Pedro Cross Richtung Hügel. An der Tankstelle *Everything Nice* biegen wir nach rechts ab. In Southfield, der ersten, größeren Ortschaft, zweigt rechts eine Straße nach Lovers Leap ab. Die Klippen fallen hier fast 500 Meter ins Meer ab. Nur von dem Ausflugslokal beim Leuchtturm (tgl. 10–18 Uhr, Eintritt 3 US-$) läßt sich die grandiose Aussicht genießen.

Auf der Strecke nach Mandeville bieten sich immer wieder schöne Ausblicke zurück auf die Küste. In Junction zweigt eine Straße nach Milk River und Alligator Pond *(S. 82)* ab. Um die Fernstraße A2 (von Black River nach Mandeville) in Gutters zu treffen, hält man sich an allen Kreuzungen und Gabelungen links (Junction – Cheapside – Gazeland – Lititz – Downs – Gutters). In Gutters dann rechts bis Mandeville *(S. 82)*. Dort kündigt ein großer Kreisverkehr den Ortseingang an, rechts geht es ins Zentrum, wir folgen geradeaus der Umgehungsstraße. Auch am zweiten Kreisverkehr behalten wir die Richtung bei und folgen der A2 Richtung Kingston. Wir nehmen links die Abzweigung Richtung Kendal und Christiana. Am nächsten kleinen Kreisel folgen wir der Ausschilderung nach rechts nach Ocho Rios. Wenige Meter weiter weisen Schilder den Weg nach Christiana, Spaldings, Ocho Rios. Ein Abstecher nach rechts führt zur *Pickapeppa*

Sauce Factory (Mo–Fr nach Vereinbarung, Tel. 962/2928). Hier wird seit über 75 Jahren die bekannte scharfe Pfeffersauce hergestellt. In Walderson gabelt sich die Straße: rechts nach Spaldings und Ocho Rios, links nach Christiana. Dieser kleine Umweg zeigt einen recht großen Ort, der aber keine Besonderheiten zu bieten hat. In der Umgebung liegen viele kleine Ländereien, auf denen Ingwer, Bananen, Yams und Kartoffeln, die hier Irish Potatoes im Unterschied zu den heimischen Süßkartoffeln heißen, angebaut werden. Hier leben viele Nachkommen deutscher Söldner, die an der Seite der Engländer im amerikanischen Unabhängigkeitskrieg kämpften und für ihre Verdienste mit Land entlohnt wurden.

Zurück auf der Straße nach Ocho Rios liegt linker Hand die *Villa Bella (S. 82).* In den folgenden kleinen Ortschaften (Moravia – Alston – Laughton – Town – Cave Valley – Aboukir) gibt es immer mal wieder Abzweigungen, die nicht ausgeschildert sind. Fragen Sie ruhig an allen unklaren Punkten nach dem Weg.

In Cave Valley treffen wir auf die B3, die von May Pen nach Runaway Bay führt. Bis Alexandria reihen sich kleine Gemeinden mit ähnlichen Bildern aneinander. Am Straßenrand wird in kleinen Buden Obst und Gemüse zum Verkauf angeboten, Sand- und Steinhaufen warten darauf, in die Schlaglöcher gestopft zu werden, eine Unzahl von Kirchen zeugt von der Religiosität der Menschen, statt in einer Werkstatt werden Autoreparaturen unter einer Plane vorgenommen. Eimer und Schüsseln sollen das Regenwasser auffangen, denn obwohl Jamaika eine tropische Insel ist, gibt es vor allem auf dem Land Schwierigkeiten mit der Wasserversorgung. Die Bandbreite der Häuser reicht von halb verfallenen Hütten über schön verzierte Holzhäuser bis zu passablen Steinbauten.

Sobald die Grenze nach St. Anne überschritten ist, wird die Landschaft ebener und offener, und die Provinz, die sich selbst als Garden Parish bezeichnet, macht ihrem Namen alle Ehre. In Alexandria bietet sich ein Abstecher nach rechts, zum B*ob-Marley-Mausoleum* in Nine Miles *(S. 47)* an.

Zwischen Alexandria und Brownstown ist die Landschaft von ausgebeuteten Bauxitgruben *(S. 40)* geradezu durchlöchert. Inzwischen grasen Kühe in den wiederbegrünten Mulden. Die Bauxitgesellschaften sind gleichzeitig die größten Viehzüchter auf Jamaika. Sie haben zur Auflage, die Landschaft wiederherzustellen, doch die Wunden sind nur vernarbt. Der *Markt von Brownstown (Mi, Fr und Sa)* ist der bedeutendste der Region. Rund um die schöne Kirche pulsiert dann das Leben. Der Ort ist auch als Ausbildungszentrum wichtig. Wir halten uns auf der B11 Richtung Stewart Town und kommen nun flott voran. Auf dem Weg von Jon Stewart Town nach Jackson Town wechselt das Landschaftsbild erneut. Zuckerrohrfelder breiten sich aus. In Clarks Town biegen wir am Stoppschild an der Kirche rechts ab, passieren die Zuckerfabrik Long Pong und erreichen wenig später Duncans. Noch ein Stück weiter, und Sie können in Silver Sands wieder im Meer baden.

Alles inklusive bis zur Buddel Rum

Hier finden Sie die wichtigsten Adressen und Informationen für einen gelungenen Jamaika-Aufenthalt

AUSKUNFT

Jamaica Tourist Board (JTB)
Postfach 90 04 37, 60444 Frankfurt, Tel. 06184/99 00 44, Fax 99 00 46
Die offizielle Webseite des Jamaica Tourist Board: *http://www.jamaicatravel.com*

AUTOFAHREN

Es herrscht wie in England Linksverkehr. Gewöhnungsbedürftig sind die Verkehrskreisel in großen Städten. Vorsicht bei der Einfahrt, wer sich im Kreisverkehr befindet, hat Vorfahrt, wer eine Weile kreiseln will, begibt sich auf die innere Spur. Die Hauptstraße rund um die Insel ist überwiegend von sehr guter Qualität, ebenso die Straßen in den Städten. Im Landesinneren muß dagegen mit katastrophalen Verhältnissen gerechnet werden. Löcher groß und tief wie Badewannen sind keine Seltenheit. Der Zustand des Belages kann abrupt wechseln. Nachtfahrten sollte man nach Möglichkeit vermeiden, Straßenbeleuchtung oder Markierungen gibt es wenige, dafür sind viele Fahrzeuge ohne Licht. Mit Ziegen, Hühnern, Kühen und Mungos als Verkehrspartnern muß immer gerechnet werden. Ebenso mit unvorhersehbaren Hindernissen. Die Höchstgeschwindigkeit beträgt innerhalb von Ortschaften 50 km/h (30 mph) und außerhalb 80 km/h (50 mph). Wer umsichtig fährt, sich vom Rennfieber der Jamaikaner nicht anstecken läßt und nie vergißt, auf der »falschen« Seite zu fahren, der sieht viel von der Insel – und vielleicht macht die Fahrerei nach ein paar Tagen sogar Spaß. Eine recht gute Straßenkarte hält das Tourist Board bereit.

BANKEN, GELD UND KREDITKARTEN

Zweigstellen von Banken gibt es auf der ganzen Insel. Geschäftszeiten: *Mo–Do 9–14 Uhr, Fr 9–12 Uhr und 14–17 Uhr.* In Ferienorten tauschen auch autorisierte Wechselstuben zu geringen Gebühren und guten Kursen. Die größeren Hotels wechseln ebenfalls. Schwarztauschen ist verboten. Zum Rücktausch (z. B. am Flughafen in Montego Bay in der Abflughalle nach der Sicherheitskontrolle) muß eine Tauschquittung vorliegen. Am besten bringt man Reiseschecks (nicht zu große Stückelung) in US-Dollar mit. Prinzipiell erhält man für US-Dollar einen besseren Wechselkurs als für europäische Währungen. In den größeren Orten sind die gängigen Kreditkarten in Hotels, Restaurants und größeren Geschäften gebräuchlich.

BUSSE

Öffentliche Busse, die nach einem regelmäßigen Fahrplan verkehren, gibt es nicht. Auf den Fernstraßen und in den größeren Städten verkehren private, meist überfüllte Busse in unregelmäßigen Abständen, am häufigsten in den frühen Morgenstunden und am Nachmittag. Meist sind es Kleinbusse, nur auf Überlandstrecken sieht man auch einmal einen großen Bus. Am einfachsten ist es, an den Busbahnhöfen, die es in jedem größeren Ort gibt, in den nächsten Bus zum Ziel zuzusteigen. Über den Fahrpreis sollte man sich vor dem Einsteigen erkundigen.

Die JUTA organisiert Busausflüge sowie den Transfer vom Flughafen zum Hotel.

DIPLOMATISCHE VERTRETUNGEN

In Deutschland:
Botschaft von Jamaika
Am Kreuter 1, 53177 Bonn, Tel. 0228/93 45 90, Fax 36 18 90

Honorarkonsulate
Marburger Straße 2, 10789 Berlin, Tel. 030/211 27 05; Ballindamm 1, P. O. Box 104420, 20095 Hamburg, Tel. 040/30 29 90; Münchner Straße 14, 85774 Unterföhring/München, Tel. 089/929 59 09

Auf Jamaika:
Deutsche Botschaft
(Embassy Of The Federal Republic Germany) *10 Waterloo Rd., Kingston 10, Tel. 926/67 28 oder 67 29, Fax 929/82 82*

Konsulat von Österreich
(Austrian Consulate) *c/o Half Moon, P. O. Box 80, Montego Bay, Tel. 953/22 11, Fax 953/22 58*

Konsulat der Schweiz
(Swiss Consulate) *22 Trafalgar Rd., Suite 13, Kingston 10, Tel. 978/78 57, Fax 978/85 63*

EINREISE UND AUSREISE

Westeuropäer benötigen einen gültigen Reisepaß und ein Flugticket für den Weiter- oder Rückflug. Bei der Ausreise per Flugzeug wird eine Flughafengebühr in Höhe von J$ 500 erhoben. Meist ist der Betrag bei Charterlinien und Pauschalurlauben im Reisepreis inbegriffen.

FERNSEHEN/RADIO

Der Regierungssender SST (Super Supreme Televison) strahlt ein inselweites Fernseh- und ein Radioprogramm aus. Neben lokaler Berichterstattung liegen die Schwerpunkte auf Ratgebersendungen und Serien. Der zweite Fernsehsender CVM ist privat. Eine Reihe von US-amerikanischen Fernsehprogrammen sind über Satellit zu empfangen.

Radiosender gibt es eine ganze Reihe. Großer Beliebtheit erfreut sich IRIE FM aus Ocho Rios, eine Station, die ausschließlich Reggae spielt. RJR aus Kingston ist bekannt wegen seiner »Hot Line«, einer aggressiv geführten

Diskussionssendung über aktuelle Themen, mit »Straight Talk« des Senders KLAS aus Mandeville zu vergleichen. Beide Sendungen sind sehr beliebt. LOVE FM dagegen ist auf Gospelsongs spezialisiert.

FKK/OBEN OHNE

Es ist nicht üblich, daß Jamaikaner nackt oder oben ohne baden. An Touristenstränden in den Ferienzentren wird topless toleriert. Doch keine Frau sollte sich wundern, wenn die Freizügigkeit als direktes Angebot aufgefaßt wird.

FOTOGRAFIEREN

Der Stolz eines Jamaikaners ist sehr leicht zu verletzen, deshalb gilt in jedem Fall, erst um Erlaubnis zu bitten, bevor Sie auf den Auslöser drücken. Eine möglicherweise aggressive Auseinandersetzung um ein unerwünschtes Bild hinterläßt nur schlechte Erinnerungen – auf beiden Seiten – und wäre mit einer kleinen Höflichkeit so leicht zu vermeiden gewesen.

GESUNDHEIT

Spezielle Impfungen sind nicht nötig, außer Sie haben innerhalb der letzten sechs Wochen Asien, Afrika, Zentral- und Südamerika, die Dominikanische Republik, Haiti, Trinidad & Tobago besucht oder kommen aus einem Infektionsgebiet. In diesem Falle müssen Sie unbedingt Erkundigungen einziehen.

Für den medizinischen Notfall ist Jamaika ausreichend gerüstet. Krankenhäuser gibt es u. a. in Kingston, Mandeville, Montego Bay, Ocho Rios, Port Antonio; in allen größeren Orten Niederlassungen privater Ärzte.

Es sind bisher wenige offizielle Fälle von Aids bekannt, was aber auf keinen Fall dazu verleiten sollte, Risiken einzugehen.

HEIRATEN

Den Bund fürs Leben auf Jamaika zu schließen scheint eine internationale Leidenschaft zu sein. Nach einem Mindestaufenthalt von 24 Stunden kann das Aufgebot bestellt werden. Mitzubringen sind: beglaubigte Kopien der Geburtsurkunde, gegebenenfalls der Scheidungsurkunde sowie die schriftliche Einwilligung der Eltern bei Heiratskandidaten unter 21 Jahren. Anträge können gerichtet werden an: *The Ministry of National Security, 12 Ocean Bd., Kingston Mall, Kingston, Tel. 922/00 80.* Zahlreiche Hotels haben sich auf Hochzeiten spezialisiert und erledigen die Formalitäten. Die Ausstellung der Heiratsurkunde kann freilich etwas länger dauern.

INLANDFLÜGE

Air Jamaica Express unterhält Verbindungen zwischen Montego Bay, Negril, Ocho Rios, Port Antonio und Kingston. *Tropical Airways* fliegt zwischen Kingston und Montego Bay. Der Norman Manley International Airport liegt außerhalb von Kingston auf The Palisadoes, der Inlandsflughafen Tinson Pen in Hafennähe.

INSEL-HOPPING

Auf eine andere karibische Insel zu hüpfen ist nicht so leicht, wie man vielleicht glaubt. Direktverbindungen gibt es nach Antigua, Barbados, Curaçao, Dominikanische Republik, Grand Cayman, Kuba, Port of Spain, St. Maarten, St. Lucia, Trinidad. Die Reisebüros vor Ort erteilen genauere Auskünfte.

KLIMA/REISEZEIT

Das ganze Jahr über herrschen an der Küste Temperaturen von 29–32 Grad Celsius. Passatwinde sorgen für eine angenehme Brise und verhindern, daß die hohe Luftfeuchtigkeit als unangenehm empfunden wird. Im Nordosten öffnet der Himmel seine Pforten nicht nur während der Regenzeit (August bis November). Mehrere Regentage ohne Unterbrechung sind aber selten, denn die kräftigen Güsse sind von kurzer Dauer. Im Süden ist das Klima sehr viel trockener, die Vegetation entsprechend karger. In den Bergen können die Temperaturen bis auf vier Grad Celsius sinken.

Als Hochsaison gilt die Zeit zwischen Weihnachten und Ostern. Dann sind die Preise für Unterkünfte erheblich höher als in der übrigen Zeit des Jahres. Aber Jamaika lohnt durchaus, das ganze Jahr über besucht zu werden. Im Sept./Okt. fällt jedoch am meisten Niederschlag, und die Gefahr von Hurrikanen ist dann am größten.

MASSE

Noch gilt die Meile als Maßeinheit für Entfernungen. Mehr und mehr wird aber dazu übergegangen, Kilometerangaben zu machen. Eine Meile entspricht 1,609 km.

MIETWAGEN

Die meisten Vertretungen internationaler Verleihfirmen unterhalten Büros an den Flughäfen in Montego Bay und Kingston. Dort ist die Auswahl am größten. Sonst helfen die großen Hotels gerne weiter. Eine Kreditkarte vereinfacht die Anmietung. Um sich vor Überraschungen zu schützen, sollte vor Anreise geklärt werden, ob Bargeld akzeptiert wird. *Island Car Rentals* ist ebenfalls zu empfehlen. Ein Wagen der kleinsten Klasse kostet ab etwa US$ 49 pro Tag. Diese Firma bietet auch ein interessantes Fly-and-Drive-Programm an, das das Kennenlernen auf eigene Form sehr erleichtert. In der Hochsaison steigen auch hier die Preise. Der deutsche, österreichische und Schweizer Führerschein, wenn er mindestens ein Jahr alt ist, wird anerkannt, ebenso der internationale. Mindestalter: 25 Jahre.

POST/TELEFON

Poststationen existieren fast in jedem Ort, auch in sehr kleinen, geöffnet *Mo–Fr 9–17 Uhr,* Briefkästen dagegen selten. Die Hotels übernehmen zuverlässig die Besorgung der Post und organisieren meist auch Briefmarken. Die Gebühren sind extrem gering *(Postkarte J$ 0,90, Brief J$ 1,40),* die Zustellung nach Übersee kann mehrere Wochen dauern.

Telefonieren ins europäische Ausland ist von den meisten großen Hotels aus bequem möglich: Die Vorwahlnummer nach Deutschland lautet 01149, nach Österreich 01143 und in die Schweiz 01141. Möchten Sie von Deutschland nach Jamaika telefonieren, wählen Sie 001876 und den Teilnehmeranschluß (das gilt auch aus Österreich und der Schweiz).

In Jamaika wählt man direkt oder beauftragt den Operator, die Verbindung herzustellen. Wer jedoch die Hotelaufschläge sparen will, kann mittels einer Telefonkarte, die sowohl vom Hotel als auch von jeder öffentlichen Telefonzelle aus benutzt werden kann, seine Gespräche führen. Mit einer Karte im Wert von J$ 500, die aber J$ 574 kostet, kann man rund vier Minuten nach Deutschland telefonieren. Sie eignet sich auch für lokale Gespräche. Man muß wie bei einem Kreditkartengespräch eine Reihe von Zahlen eingeben, bevor die Verbindung hergestellt wird. Die Anleitung hierzu ist gut verständlich. Die Telekommunikationsgesellschaft *Telecommunications of Jamaica limited (TOJ)* unterhält Niederlassungen, die Gespräche vermitteln *(Mo–Fr 8 bis 16 Uhr)*. Ein operatorvermitteltes Drei-Minuten-Gespräch nach Deutschland kostet etwa J$ 230. *Geschäftsstellen in Kingston: 51 Half Way Tree Rd., East Parade und Souvereign Centre; Montego Bay: Church St.; Black River: North St.; Mandeville: Leaders Plaza; Ocho Rios: Mutual Life Building, Graham St.; Port Antonio: Allan Av.*

SPORT

Golf

Montego Bay vereint mit vier Plätzen die meisten der insgesamt elf Greens der Insel. In Kingston gibt es zwei, in Negril, Mandeville, Ocho Rios und Runaway Bay je einen. Ein weiterer wartet in Port Antonio auf die Fertigstellung – soon come, so versichern die Jamaikaner.

Tauchen

Gute Tauchgründe liegen vor Negril, Montego Bay, Runaway Bay, Ocho Rios und Port Antonio. Dort bieten mehrere Basen Ausfahrten und Tauchkurse sowie den Verleih von Ausrüstungen an. An der Südküste in Port Royal/Kingston operiert ebenfalls eine Tauchbasis.

Tennis und Reiten

Viele Hotels haben eigene Tennisplätze, und Reiten ist in fast allen Urlaubsorten, besonders an der Nordküste, populär.

Wassersportarten

Groß ist das Angebot zum Surfen, Segeln, Wasserskilaufen, Schnorcheln u. a. in allen Badeorten von Negril entlang der Nordküste bis nach Port Antonio.

SPRACHE

Englisch ist die offizielle Landessprache. Das jamaikanische Englisch klingt aber anders als unser Schulenglisch. »th« wird als »d« oder »t« ausgesprochen, »that« wie »dat«, »three« wie »tree«, um ein paar Beispiele zu nennen. Untereinander sprechen die Jamaikaner meist das einheimische Patois.

STRÄNDE

Entlang der Nordküste wechseln felsige Abschnitte mit kleineren Sandstränden ab. In den Urlaubszentren Montego Bay und Ocho Rios sind die Strände in Stadtnähe öffentliche Strandbäder, außerhalb gehören sie meist zu den Hotels. Die unberührtesten Buchten, umgeben von tropischer Vegetation, gibt es bei Port Antonio. Negril hat mit elf km den längsten Strand. Im Süden liegen eine Reihe touristisch unberührter Sandparadiese, eingebettet in kargem und bisweilen stacheligem Grün. Treasure Beach wächst dort langsam zu einem Badeort heran. Und vor Kingston liegen noch die Keys, winzige Inseln mit oft schönen Stränden.

STROM

Die Stromspannung beträgt 110 Volt/50 Hertz, in wenigen Hotels 220 Volt; Geräte zum Umschalten auf 110 Volt sind also zu empfehlen. Außerdem sollten Sie Zwischenstecker für amerikanische Steckdosen mitnehmen.

TAXI

Die JUTA ist ein konzessionierter Zusammenschluß von Transportunternehmen. Die Taxis dieser Organisation haben Fixpreise in US-Dollar und sind an Flughäfen und großen Hotels präsent. Die Angestellten kleinerer Unterkünfte rufen sie auf Wunsch. Darüber hinaus gibt es aber noch eine große Zahl an Pkw, die eine Lizenz zur Personenbeförderung besitzen. Man erkennt sie am roten Nummernschild mit der Aufschrift *PP* (Public Personal). Bevor die Fahrt angetreten wird, sollte unbedingt der Preis ausgehandelt werden.

TRINKGELD

Zum Teil enthalten Restaurantrechnungen schon ein Bedienungsgeld. Dann runden Sie die Summe einfach auf. Wenn der Service nicht extra ausgewiesen ist, sollten Sie ein Trinkgeld von 10 bis 15 Prozent geben.

TRINKWASSER

Jamaika ist auf die hervorragende Qualität des Trinkwassers stolz. In den meisten Orten kann Leitungswasser ohne Bedenken getrunken werden. Einige wenige Ausnahmen sind durch Anschläge der nationalen Wasserkommission gekennzeichnet.

ZEITUNGEN

Seit 1834 erscheint der *Daily Gleaner*, die älteste von vier Tageszeitungen. Vom gleichen Verlag herausgegeben wird das Sonntagsblatt *Sunday Gleaner.* Der traditionell ausgerichtete Gleaner bekam vor einigen Jahren durch *The Herald* Konkurrenz. *The Observer* heißt das jüngste Blatt, das in Kooperation mit anderen Inseln erscheint. Darüber hinaus erscheinen noch die Boulevard-Zeitung *The Star* und einige Wochenzeitungen.

ZEITVERSCHIEBUNG

Der Unterschied gegenüber der Mitteleuropäischen Zeit beträgt im Sommer minus sieben, im Winter sechs Stunden.

ZOLL

In die Europäische Union eingeführt werden dürfen pro Person Souvenirs im Wert bis zu 350 Mark, 1 Liter Spirituosen, 2 Liter Wein, 200 Zigaretten oder 50 Zigarren oder 250 Gramm Tabak sowie 500 Gramm Röstkaffee. Die Einfuhr von allem, was dem Washingtoner Artenschutzabkommen unterliegt, ist verboten. Nach Jamaika für den persönlichen Gebrauch mitbringen dürfen Sie 200 Zigaretten oder 50 Zigarren, 1 Liter Spirituosen und 2 Liter Wein. Wichtig zu wissen: Rum darf – aus gutem Grund – nicht nach Jamaika eingeführt werden. Neben den allgemeingültigen Einfuhrverboten gelten Beschränkungen bzw. Verbote für frische Blumen, Pflanzen, Honig, Obst, Fleisch, frisches Gemüse, Kaffee. Die Vorschriften für diese Waren wechseln jedoch häufig. Erkundigen Sie sich vor der Einreise nach dem aktuellen Stand. Selbstverständlich ist die Einfuhr jeglicher Art von Drogen und Waffen untersagt.

WETTER IN KINGSTON

Die monatlichen Durchschnittswerte im Überblick

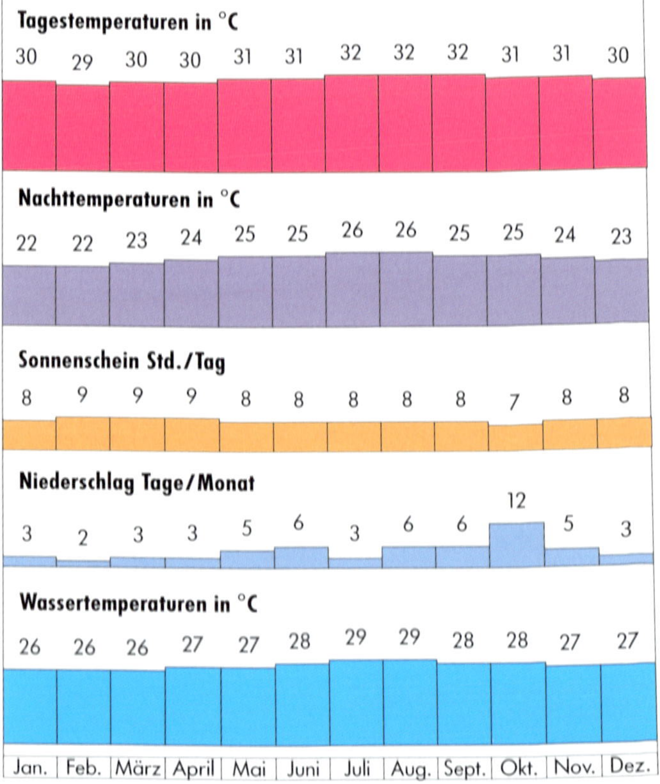

Bloß nicht!

Machen Sie sich mit den Eigenheiten der Jamaikaner vertraut, und Sie werden sich gut verstehen

Alles zu seiner Zeit

»Soon come« ist der Lieblingsausspruch der Jamaikaner und drückt ihre Lebenseinstellung aus. Nicht immer funktioniert alles mit der Präzision, wie wir es von daheim gewohnt sind. Kein Grund, unwirsch zu reagieren. Zu einer Verbesserung der Situation trägt ein genervtes, womöglich aggressives Verhalten nicht bei. Mit lachendem Gesicht und einem Scherz gibt man seinem Gegenüber die Chance, die oft auch für ihn unangenehme Situation zu klären, ohne daß er sein Gesicht verliert.

Häufig wird man mit Fragen, wie es einem gefällt und ob man wiederkommt, konfrontiert. Beantworten Sie sie auch zum hundertsten Mal. Jamaikaner sind kontaktfreudig und beinahe immer zu einer gutgelaunten Plauderei aufgelegt.

Anmache

Manchmal übertreiben sie allerdings. Es kann schon lästig werden, ständig von Händlern umschwärmt zu werden. Es gibt nichts, was nicht angeboten wird. Man braucht nur interessiert auf ein Haus zu schauen, schon findet sich jemand, der etwas dazu sagt und – eventuell – Geld für seine Dienste verlangt. Wer keinen Führer will und an keinem Kauf interessiert ist, klärt mit einem unmißverständlichen »No, thank you« am besten die Situation – bestimmt, aber freundlich.

Drogen

Ganja, Marihuana, Indischer Hanf – die berauschenden Blätter der Cannabis-Pflanze haben verschiedene Namen. Für die Rastafaris ist ihr Genuß heilig, als Naturheilmittel seit Jahrhunderten bekannt.

Doch auch auf Jamaika ist sowohl der Anbau als auch der Besitz von Ganja verboten. Häufig kommt es zu Polizeikontrollen, ausländische Touristen werden nicht geschont. Wird man erwischt, wandert man ins Gefängnis, um bis zum nächsten Gerichtstermin in unfreundlichen Zellen zu schmoren.

Fotografieren

Bevor Sie auf den Auslöser drücken, um ein interessantes Gesicht, eine pittoreske Marktszene oder ihren Lieblingskellner abzulichten, bitten Sie um das Einverständnis der »Fotomodelle«. Es kann passieren, daß sie verweigert wird, respektieren Sie dies. Wenn Geld verlangt wird, verzichten Sie und fragen den nächsten.

Viel leichter ist es, Jamaikaner vor die Kamera zu bekommen, wenn sie, quasi als Gegenleistung, ein Bild in den eigenen Händen halten können. Wer eine Polaroid-Kamera mitführt, kann sich viele Freunde machen. Dann hat keiner etwas gegen einen zweiten Schuß mit der »richtigen« Kamera.

Kingston

Die Einwohnerzahl der Hauptstadt beläuft sich inoffiziell auf beinahe eine Million. Obwohl bei Portmore Trabantensiedlungen aus dem Boden gestampft werden, ist die Wohnungsnot groß, die Ghettos in West-Kingston sind nach wie vor existent. Hier haben Touristen nichts verloren, selbst Einheimische trauen sich nicht ohne genaue Kenntnisse der Verhältnisse hinein.

Nicht ganz Kingston ist so gefährlich. Allerdings sollte man nach Einbruch der Dunkelheit am besten nirgendwo mehr zu Fuß unterwegs sein. Es gibt ja schließlich Taxis. In *downtown* empfiehlt es sich, auch am Tage wachsam zu sein, nicht spazierenzugehen und menschenleere Ecken zu meiden. Und am besten ist es, selbst die einfachste Armbanduhr im Hotel zu lassen.

Rent-a-dread

Die wilden Locken scheinen ein Garant für die Eroberung weißer Frauen zu sein. Vielfach tragen sie junge Männer, die mit der Rasta-Bewegung nichts im Sinne haben. Die echten Rastafaris leben zurückgezogen, rauchen keinen Tabak und trinken keinen Alkohol. Einige der Boys an den Stränden von Negril, Montego Bay und Ocho Rios oder in Diskotheken suchen die Nähe weißer Frauen, um sich von ihnen aushalten zu lassen. Anders als eine weibliche Prostituierte ist ein Rent-a-dread gleichzeitig auch Fremdenführer und Begleiter – oft den ganzen Urlaub über.

Als Frau sollte man sich bewußt sein, daß diese Art von »Freundschaft« auch eine Form von Prostitution darstellt und daß »Mann« in erster Linie auf ihr Geld aus ist. Aber auch wenn es sich nicht um das Angebot eines Rent-a-dread handelt, wird den weißen Frauen ständig nachgepfiffen, oder sie werden mit Komplimenten überschüttet und hartnäckig umworben.

Jamaikanische Frauen hingegen haben wenig Zeit, sich in Bars, Kneipen oder am Strand zu amüsieren. Die Arbeit auf dem Feld, der Haushalt und die Erziehung der Kinder bleibt meist allein ihnen überlassen.

Sicherheit

Jamaika ist ein Land mit großen sozialen Unterschieden. Die Mehrheit der Bevölkerung ist sehr arm und kämpft ums tägliche Überleben. Wie überall auf der Welt gibt es Kriminalität. Laue Temperaturen, strahlende Sonne und rauschende Palmen sind kein Grund, unvorsichtig zu werden und in puncto Sicherheit andere Maßstäbe anzulegen als zu Hause. Dazu gehört: Keine Anhalter mitnehmen, abends nicht in dunklen Straßen herumspazieren, die Zimmertüre im Hotel keinem Unbekannten öffnen, nicht prall gefüllte Geldbörsen zur Schau stellen. Eigentlich alles Selbstverständlichkeiten. Im Urlaub sein darf nicht bedeuten, die Vernunft zu Hause zu lassen.

Sprechen und Verstehen ganz einfach

Zur Erleichterung der Aussprache sind alle englischen Wörter mit einer einfachen Aussprache (in eckigen Klammern) versehen. Folgende Zeichen sind Sonderzeichen:

ə nur angedeutetes »e« wie in bitte

θ [s] gesprochen mit der Zungenspitze zwischen den Zähnen

AUF EINEN BLICK

Ja./Nein.	Yes. [jäs]/No. [nəu]
Vielleicht.	Perhaps. [pə'häps]/Maybe. ['mäibih]
Bitte.	Please. [plihs]
Danke.	Thank you. ['θänkju]
Vielen Dank!	Thank you very much. ['θänkju 'wäri 'matsch]
Gern geschehen.	You're welcome. [joh 'wälkəm]
Entschuldigung!	I'm sorry! [aim 'sori]
Wie bitte?	Pardon? ['pahdn]
Ich verstehe Sie/dich nicht.	I don't understand. [ai dəunt andə'ständ]
Ich spreche nur wenig …	I only speak a bit of … [ai 'əunli spihk ə'bit əw …]
Können Sie mir bitte helfen?	Can you help me, please? ['kən ju 'hälp mi plihs]
Ich möchte …	I'd like … [aid'laik]
Das gefällt mir (nicht).	I (don't) like it. [ai (dəunt) laik‿it]
Haben Sie …?	Have you got …? ['həw ju got]
Wieviel kostet es?	How much is it? ['hau'matsch is it]
Wieviel Uhr ist es?	What time is it? [wot 'taim is it]

KENNENLERNEN

Guten Morgen!	Good morning! [gud 'mohning]
Guten Tag!	Good afternoon! [gud ahftə'nuhn]
Guten Abend!	Good evening! [gud 'ihwning]
Hallo! Grüß dich!	Hello! [hə'ləu]/Hi! [hai]
Mein Name ist …	My name is … [mai näims …]
Wie ist Ihr/Dein Name?	What's your name? [wots joh 'näim]
Wie geht es Ihnen/dir?	How are you? [hau 'ah ju]
Danke. Und Ihnen/dir?	Fine thanks. And you? ['fain θänks, ənd 'ju]
Auf Wiedersehen!	Goodbye!/Bye-bye! [gud'bai/bai'bai]
Tschüs!	See you!/Bye! [sih ju/bai]
Bis bald!	See you soon! [sih ju 'suhn]
Bis morgen!	See you tomorrow! [sih ju tə'mərəu]

Auskunft

links/rechts	left [läft]/right [rait]
geradeaus	straight on [sträit 'on]
nah/weit	near [niə]/far [fah]
Bitte, wo ist ...?	Excuse me, where's ..., please? [iks'kjuhs 'mih 'weəs ... plihs]
Bushaltestelle	bus stop ['bas 'stop]
Taxistand	taxi rank ['täksi ränk]
Flughafen	airport ['eəpoht]
Wie weit ist das?	How far is it? ['hau 'fahr‿is‿it]
Ich möchte ... mieten.	I'd like to hire ... [aid'laik tə 'haiə]
... ein Auto	... a car [ə 'kah]
... ein Fahrrad	... a bike [ə 'baik]
... ein Motorboot	... a motorboat [ə 'məutəbəut]

Panne

Ich habe eine Panne.	My car's broken down. [mai 'kahs 'brəukn 'daun]
Würden Sie mir bitte einen Abschleppwagen schicken?	Would you send a breakdown truck, please? ['wud ju sänd ə bräikdaun trak plihs]
Gibt es hier in der Nähe eine Werkstatt?	Is there a garage nearby? ['is θeə‿ə 'gärahdsch 'niərbai]

Tankstelle

Wo ist die nächste Tankstelle?	Where's the nearest petrol station? ['weəs θə 'niərist 'pätrəlstäischn]
Ich möchte ... Liter ...	... litres of ... ['lihtəs əw]
... Normalbenzin.	... three-star, ['θrihstah]
... Super.	... four-star, ['fohstah]
... Diesel.	... diesel, ['dihsl]
... bleifrei/verbleit.	... unleaded/leaded, please. [an'lädid/'lädid plihs]
Volltanken, bitte.	Full, please. ['ful plihs]

Unfall

Hilfe!	Help! [hälp]
Achtung!	Attention! [ə'tänschn]
Vorsicht!	Look out! ['luk 'aut]
Rufen Sie bitte ...	Please call ... ['plihs 'kohl]
... einen Krankenwagen.	... an ambulance. [ən 'ämbjuləns]
... die Polizei.	... the police. [θə pə'lihs]
... die Feuerwehr.	... the fire-brigade. [θə 'faiəbri,gäid]
Es war meine Schuld.	It was my fault. [it wəs 'mai 'fohlt]
Es war Ihre Schuld.	It was your fault. [it wəs 'joh 'fohlt]
Geben Sie mir bitte Ihren Namen und Ihre Anschrift.	Please give me your name and address! [plihs giw mi joh 'näim ənd ə'dräs]

ESSEN/UNTERHALTUNG

Wo gibt es hier …	Is there … here? ['is θeər … 'hiə]
… ein gutes Restaurant?	… a good restaurant [ə 'gud 'rästərohng]
… ein typisches Restaurant?	… a restaurant with local specialities [ə 'rästərohng wiθ 'ləukl ,späschi'älitis]
Gibt es hier eine gemütliche Kneipe?	Is there a nice pub here? ['is θeər‿ə nais 'pab hiə]
Reservieren Sie uns bitte für heute abend einen Tisch für 3 Personen.	Would you reserve us a table for three for this evening, please? ['wud ju ri'söhw əs ə 'täibl fə 'θrih fə θis 'ihwning plihs]
Auf Ihr Wohl!	Cheers! [tschiəs]
Bezahlen, bitte.	Could I have the bill, please? ['kud ai häw θə 'bil plihs]
Haben Sie einen Veranstaltungskalender?	Have you got a diary of events? [həw ju got‿ə 'daiəri‿əw i'wänts]

EINKAUFEN

Wo finde ich …?	Where can I find …? ['weə 'kən‿ai 'faind …]
Apotheke	chemist's [kämists]
Bäckerei	baker's [bäikəs]
Fotoartikel	photographic materials [,fəutə'gräfik mə'tiəriəls]
Kaufhaus	department store [di'pahtmənt stoh]
Lebensmittelgeschäft	food store ['fuhd stoh]
Markt	market ['mahkit]

ÜBERNACHTUNG

Können Sie mir bitte … empfehlen?	Can you recommend …, please? [kən ju ,räkə'mänd … plihs]
… ein Hotel	… a hotel [ə həu'täl]
… eine Pension	… a guest-house [ə 'gästhaus]
Ich habe bei Ihnen ein Zimmer reserviert.	I've reserved a room. [aiw ri'söhwd‿ə 'ruhm]
Haben Sie noch …	Have you got … [həw ju got]
… ein Einzelzimmer	… a single room [ə 'singl ruhm]
… ein Doppelzimmer	… a double room [ə 'dabl ruhm]
… mit Dusche/Bad?	… with a shower/bath? [wiθ ə 'schauə/'bahθ]
… für eine Nacht?	… for one night? [fə wan 'nait]
… für eine Woche?	… for a week? [fə ə 'wihk]
Was kostet das Zimmer mit …	How much is the room with … ['hau 'matsch is θə ruhm wiθ]
… Frühstück?	… breakfast? ['bräkfəst]
… Halbpension?	… half board? ['hahf'bohd]
… Vollpension?	… full board? ['ful'bohd]

Können Sie mir einen guten Arzt empfehlen?	Can you recommend a good doctor? [kən ju ,räkə'mänd ə gud 'doktə]
Geben Sie mir bitte etwas gegen …	Can you give me something for …! ['kən ju giw mi 'samθing fə …]
Ich habe hier Schmerzen.	I've got pain here. [aiw got päin 'hiθ]
Wo ist hier bitte …	Where's the nearest … [weəs θə 'niərist]
… eine Bank?	… bank? [bänk]
… eine Wechselstube?	… exchange-office? [iks'tschäinsch‿ofis]
Auf welchen Betrag kann ich den Scheck maximal ausstellen?	What's the maximum I can cash on one cheque? ['wots θə mäksiməm‿ai kən ,käsch‿on 'wan tschäk]
Ich möchte … DM (Schilling, Schweizer Franken) wechseln.	I'd like to change … Marks (Austrian shillings, Swiss francs). [aid laik tə tschäinsch … 'mahks ('ostriən 'schillings/ 'swis 'fränks)]
Was kostet …	How much is … ['hau 'matsch is]
… ein Brief …	… a letter … [ə 'lätə]
… eine Postkarte …	… a postcard … [ə pəustkahd]
Briefmarke	stamp [stämp]
Kleingeld	change [tschäinsch]
Kurs	rate of exchange ['räit‿əw iks'tschäinsch]
Hauptpostamt	main post office ['mäin 'pəust ofis]

Zahlen

0	zero, nought [siərəu, noht]	19	nineteen [,nain'tihn]
1	one [wan]	20	twenty ['twänti]
2	two [tuh]	21	twenty-one [,twänti'wan]
3	three [θrih]	30	thirty ['θöhti]
4	four [foh]	40	forty ['fohti]
5	five [faiw]	50	fifty ['fifti]
6	six [siks]	60	sixty ['siksti]
7	seven ['säwn]	70	seventy ['säwnti]
8	eight [äit]	80	eighty ['äiti]
9	nine [nain]	90	ninety ['nainti]
10	ten [tän]	100	a (one) hundred ['ə (wan) 'handrəd]
11	eleven [i'läwn]		
12	twelve [twälw]	1000	a (one) thousand ['ə (wan) 'θausənd]
13	thirteen [θöh'tihn]		
14	fourteen [,foh'tihn]	10000	ten thousand ['tän 'θausənd]
15	fifteen [,fif'tihn]		
16	sixteen [,siks'tihn]	1/2	a half [ə 'hahf]
17	seventeen [,säwn'tihn]	1/4	a (one) quarter ['ə (wan) 'kwohtə]
18	eighteen [,äi'tihn]		

Menu
Speisekarte

BREAKFAST	FRÜHSTÜCK
coffee (with cream/milk) ['kofi (wiθ 'krihm/'milk)]	Kaffee (mit Sahne/Milch)
decaffeinated coffee [di'käfin,äitid 'kofi]	koffeinfreier Kaffee
hot chocolate ['hot 'tschoklit]	heiße Schokolade
tea (with milk/lemon) [tih (wiθ 'milk/'lämen)]	Tee (mit Milch/Zitrone)
scrambled eggs ['skrämbld 'ägs]	Rühreier
poached eggs ['pəutscht 'ägs]	verlorene Eier
bacon and eggs ['bäikn ən 'ägs]	Eier mit Speck
fried eggs ['fraid 'ägs]	Spiegeleier
hard-boiled/soft-boiled eggs ['hahdboild/'softboild ägs]	harte/weiche Eier
(cheese/mushroom) omelette [(tschihs/'maschrum/tə'mahtəu)'omlit]	(Käse-/Champignon-)Omelett
bread/rolls/toast [bräd/rəuls/təust]	Brot/Brötchen/Toast
butter ['batə]	Butter
honey ['hani]	Honig
jam/marmelade [dschäm/'mahməläid]	Marmelade/Orangenmarmelade
muffin ['məfin]	Küchlein
yoghurt ['jogət]	Joghurt
fruit ['fruht]	Obst

HORS D'ŒUVRES/SOUPS	VORSPEISEN/SUPPEN
ham [häm]	Schinken
onion rings ['ənjən rings]	fritierte Zwiebelringe
shrimp/prawn cocktail ['schrimp/'prohn 'koktäil]	Garnelen-/Krabbencocktail
smoked salmon ['sməukt 'sämən]	Räucherlachs
seafood salat [sifuhd säləd]	Meeresfrüchtesalat
clear soup/consommé [kliə suhp/kən'somäi]	Fleischbrühe
cream of chicken soup [krihm əw 'tschikin suhp]	Hühnercremesuppe
oxtail soup ['okstäil suhp]	Ochsenschwanzsuppe
cream of tomato soup [krihm‿əw tə'mahtəu suhp]	Tomatencremesuppe
vegetable soup ['wädschtəbl suhp]	Gemüsesuppe

FISH/SEAFOOD — FISCH/MEERESFRÜCHTE

cod [kod]	Kabeljau
crab [kräb]	Krebs
eel [ihl]	Aal
dolphin ['dolfin]	Goldmakrele
haddock ['hädək]	Schellfisch
lobster ['lobstə]	Hummer
mussels ['masls]	Muscheln
oysters ['oistəs]	Austern
perch [pöhtsch]	Barsch
prawns [prohns]	Garnelen
red snapper [räd 'snäpə]	Schnapper
sole [səul]	Seezunge
squid [skwid]	Tintenfisch
trout [traut]	Forelle
tuna ['tjuhnə]	Thunfisch

MEAT AND POULTRY — FLEISCH UND GEFLÜGEL

barbequed spare ribs ['bahbəkjuhd 'speə ribs]	gegrillte Schweinerippchen
beef [bihf]	Rindfleisch
chicken ['tschikin]	Hähnchen
chop/cutlet [tschop/'katlit]	Kotelett
fillet (steak) ['filit (stäik)]	Filet(steak)
duck(ling) ['dak(ling)]	(junge) Ente
gammon ['gämən]	Schinkensteak
goat [gəut]	Ziege
gravy ['gräivi]	Fleischsoße
ham [häm]	Schinken
hamburger ['hämböhgə]	Hamburger
kidneys ['kidnis]	Nieren
lamb (with mint sauce) [läm (wiθ 'mint 'sohs)]	Lamm (mit einer sauren Minzsoße)
liver (and onions) ['liwə(r ən 'anjəns)]	Leber (mit Zwiebeln)
minced beef ['minst 'bihf]	Hackfleisch vom Rind
mutton ['matn]	Hammelfleisch
pork [pohk]	Schweinefleisch
rabbit ['räbit]	Kaninchen
rump steak ['ramp stäik]	Rumpsteak
sausages ['sosidschis]	Würstchen
sirloin steak ['söhloin stäik]	Lendenstück vom Rind
T-bone steak ['tihbəun stäik]	Rindersteak mit T-förmigem Knochen
turkey ['töhki]	Truthahn
veal [wihl]	Kalbfleisch
venison ['wänisn]	Reh oder Hirsch

VEGETABLES AND SALAD	GEMÜSE UND SALAT
baked beans ['bäikt 'bihns]	gebackene weiße Bohnen in Tomatensoße
baked potatoes [bäikt pə'täitəus]	gebackene Pellkartoffeln
beetroot ['bihtruht]	Rote Bete
breadfruit [brəd fruht]	Brotfrucht
cabbage ['käbidsch]	Kohl
callaloo ['kälәlu]	Spinat(art)
carrots ['kärəts]	Karotten
cauliflower ['kæliflauə]	Blumenkohl
chef's salad ['schefs 'säləd]	Salat mit Schinkenstreifen, Tomaten, Käsestreifen, Oliven
chips/French fries [tschips/'fränsch 'frais]	Pommes frites
corn-on-the-cob ['kohn‿on θə 'kob]	Maiskolben
cucumber ['kjuhkamba]	Gurke
fritters/ hash browns ['fritəs/'häsch bräuns]	Bratkartoffeln
hot peppers [hot päpəs]	scharfer Paprika
leek ['lihk]	Lauch
lentils ['läntils]	Linsen
lettuce ['letis]	Kopfsalat
mashed potatoes [mäscht pə'täitəus]	Kartoffelbrei
mushrooms ['maschrums]	Pilze
onions ['anjəns]	Zwiebeln
peas ['pihs]	Erbsen
pumpkin ['pampkin]	Kürbis
spinach ['spinidsch]	Spinat
sweetcorn ['swihtkohn]	Mais
sweet peppers [swit päpəs]	Paprika
tomatoes [tə'mahtəus]	Tomaten
turnips ['təhnips]	Rüben

DESSERT AND CHEESE	NACHSPEISEN UND KÄSE
apple pie ['äpl 'pai]	gedeckter Apfelkuchen
brownie ['bräuni]	Schokoladenplätzchen
cheddar ['tschädə]	kräftiger Käse
cheesecake ['tschihskeik]	Käsekuchen
cottage cheese ['kotidsch 'tschihs]	Hüttenkäse
cream [krihm]	Sahne
custard ['kastəd]	Vanillesoße
fruit cake ['fruht käik]	Kuchen mit viel Korinthen, Rosinen usw.
fruit salad [fruht 'säləd]	Obstsalat
ice-cream ['ais'krihm]	Eiscreme
pancakes ['pänkäiks]	Pfannkuchen

pastries ['päistris]	Gebäck
rice pudding ['rais 'puding]	Reisbrei
stewed fruit ['stjuhd 'fruht]	Kompott

FRUIT	OBST
ackee [äki]	Ackeefrucht
apples ['äpls]	Äpfel
apricots ['äiprikots]	Aprikosen
bananas [bə'nahnəs]	Bananen
blackberries ['bläkbris]	Brombeeren
cherries ['tschäris]	Kirschen
dates [däits]	Datteln
grapes [gräips]	Weintrauben
lemon ['lämən]	Zitrone
melon ['mälən]	Melone
oranges ['orindschis]	Orangen
peaches ['pihtschis]	Pfirsiche
pears [peəs]	Birnen
pineapple ['pain,äpl]	Ananas
plums [plams]	Pflaumen
strawberries ['strohbris]	Erdbeeren

Beverages
Getränkekarte

ALCOHOLIC DRINKS	ALKOHOLISCHE GETRÄNKE
beer [biə]	Bier
brandy ['brändi]	Schnaps
champagne [schäm'pain]	Champagner
cognac ['konjäk]	Kognac
liqueur [li'kjuə]	Likör
red/white wine [räd/wait wain]	Rot-/Weißwein
dry/sweet [drai/swiht]	trocken/lieblich
rum [ram]	Rum
sparkling wine ['spahkling wain]	Sekt

SOFT DRINKS	ALKOHOLFREIE GETRÄNKE
alcohol-free beer ['älkəhol,frih 'biə]	alkoholfreies Bier
fruit juice ['fruht dschuhs]	Fruchtsaft
lemonade [,lämə'näid]	Limonade
milk ['milk]	Milch
mineral water ['minrl ,wohtə]	Mineralwasser
soda water ['səudə ,wohtə]	Selterswasser
tomato juice [tə'mahtəu dschuhs]	Tomatensaft

Reiseatlas Jamaica

Die Seiteneinteilung für den Reiseatlas finden Sie auf dem hinteren Umschlag dieses Reiseführers

A
B
C
1
2
3
4
5
6
North West or Pedro Point
Gull Bay
Watson Taylor
Lucea Harbour
Lances Bay
Fort Charlotte
Lucea
Parad
Elgin Town
Kew
271
Cousins Cove
Davis Cove
Negro Bay
Green Island Harbour
204
Davis Cove
Johnson Town
Eaton
Georgia
Tom Spring
Blenheim
Cacoon
Middlesex
Harvey River
Harding Hall
Lances River
Dias
Prospect
Askenish
Green Island
Saxham
Cauldwell
Kingsvale
Dolphin Head
545
Orange Bay
Salt Spring
Grange
Kendal
North Negril Point
Santoy
Westfield
Glasgow
Bloody Bay
Logwood
Orange River
March Town
Upper Rock Spring
Negril Aerodrome
B 9
Kings Valley
The Great Morass
Cave Valley
Moreland
280
Jerusalem Mountain
Mint
Town Head
Grange Hill
Truro Gate
Long Bay
WESTMORELAND
Moreland Hill
Alma
Frome
Negril
Negril R.
Springfield
Delve Bridge
Fullersfield
South Negril Point
Sheffield
Negril Spots
Retrieve
Masemure
Georges Plain
St. Paul's
Albany
Paul Island
190
Negril Hill
Revival
New Hope
Little London
Negril Lighthouse
Mount Airy
Retreat
Bay Road
B 9
Orange Hill
Little Bay
Old Hope
A 1
Savanna River
New Broughton
Homers Cove
Little Bay
Old Hope Wharf
Cabarita Point
South West Point
South West Point
Caribbean Sea
5 km
4 miles

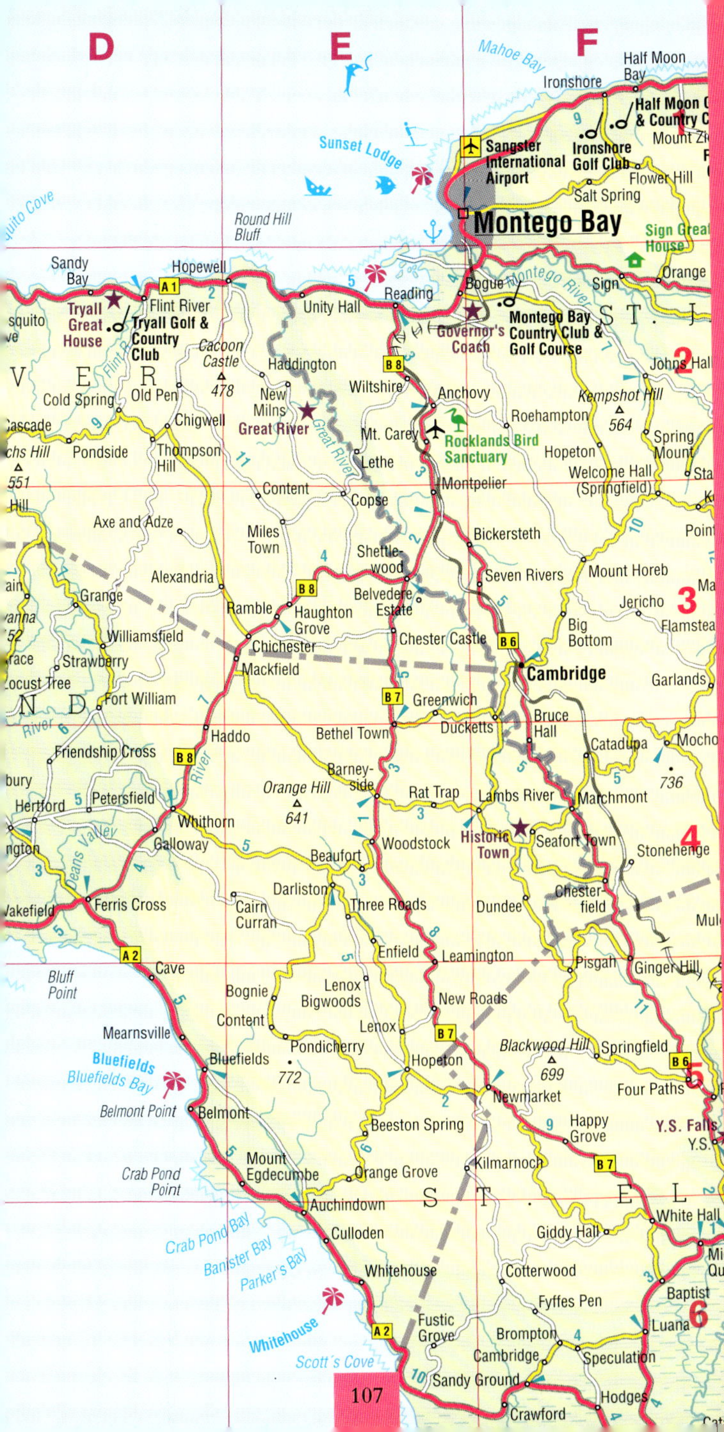
D
E
F
Mahoe Bay
Half Moon Bay
Ironshore
Half Moon Golf & Country Club
Mount Zion
Sunset Lodge
Sangster International Airport
Ironshore Golf Club
Flower Hill
Salt Spring
Montego Bay
Sign Great House
Round Hill Bluff
Sandy Bay
Hopewell
A 1
Tryall Great House
Flint River
Tryall Golf & Country Club
Unity Hall
Reading
Bogue
Montego River
Sign
Orange
Governor's Coach
Montego Bay Country Club & Golf Course
Cacoon Castle
478
Haddington
B 8
Johns Hall
2
Cold Spring
Old Pen
New Milns
Wiltshire
Anchovy
Kempshot Hill
564
Cascade
Chigwell
Great River
Mt. Carey
Roehampton
Pondside
Thompson Hill
Rocklands Bird Sanctuary
Hopeton
Spring Mount
551
Lethe
Welcome Hall (Springfield)
Content
Montpelier
Copse
Axe and Adze
Miles Town
Bickersteth
Shettlewood
Alexandria
Seven Rivers
Mount Horeb
3
Grange
Belvedere Estate
Jericho
Ramble
Haughton Grove
Flamstead
Williamsfield
Chichester
Chester Castle
B 6
Big Bottom
Strawberry
Mackfield
Cambridge
Garlands
Locust Tree
Fort William
B 7
Greenwich
Bruce Hall
Bethel Town
Ducketts
Catadupa
Mocho
Haddo
Friendship Cross
Barneyside
736
Orange Hill
641
Rat Trap
Lambs River
Marchmont
Hertford
Petersfield
Whithorn
Historic Town
Seaford Town
4
Galloway
Woodstock
Stonehenge
Deans Valley
Beaufort
Darliston
Three Roads
Ferris Cross
Cairn Curran
Dundee
Chesterfield
Wakefield
A 2
Enfield
Leamington
Pisgah
Ginger Hill
Cave
Bluff Point
Lenox Bigwoods
Bognie
New Roads
Content
Mearnsville
Lenox
Pondicherry
Blackwood Hill
699
Springfield
Bluefields
Bluefields Bay
Bluefields
772
Hopeton
Four Paths
5
Belmont Point
Belmont
Newmarket
Happy Grove
Y.S. Falls
Beeston Spring
Mount Edgecumbe
Kilmarnoch
Crab Pond Point
Orange Grove
Auchindown
S T . E L
White Hall
Culloden
Giddy Hall
Crab Pond Bay
Banister Bay
Parker's Bay
Whitehouse
Cotterwood
Baptist
Fyffes Pen
Fustic Grove
Brompton
Luana
6
Whitehouse
Cambridge
Speculation
Scott's Cove
Sandy Ground
Hodges
Crawford

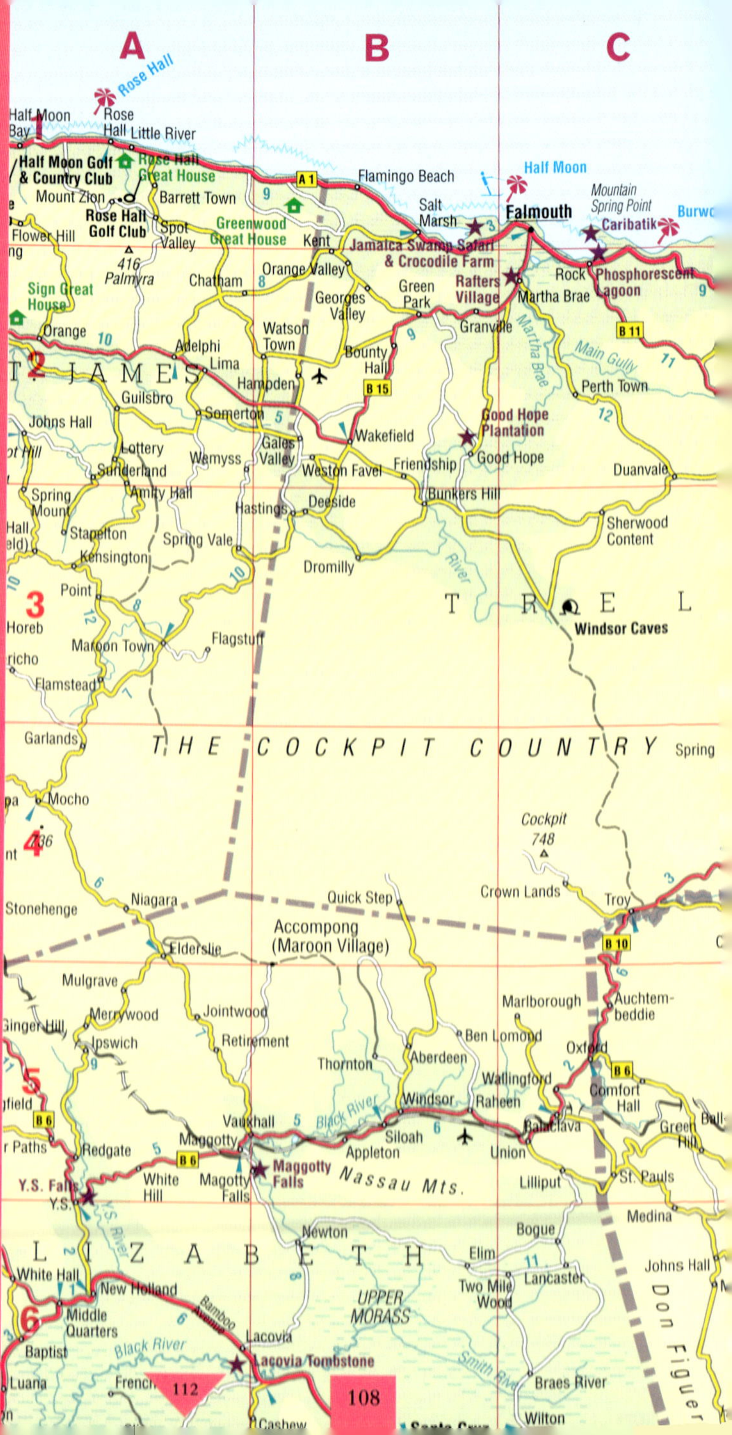

A
B
C
Rose Hall
Half Moon Bay
Rose Hall
Little River
Half Moon Golf & Country Club
Rose Hall Great House
Mount Zion
Barrett Town
Rose Hall Golf Club
Flower Hill
Spot Valley
Greenwood Great House
416 Palmyra
Kent
Flamingo Beach
Half Moon
Salt Marsh
Falmouth
Mountain Spring Point
Caribatik
Jamaica Swamp Safari & Crocodile Farm
Rafters Village
Rock
Phosphorescent Lagoon
Martha Brae
Sign Great House
Orange
Chatham
Orange Valley
Georges Valley
Green Park
Granville
Watson Town
Bounty Hall
Adelphi
Lima
ST. JAMES
Hampden
Perth Town
Main Gully
Martha Brae
Guilsbro
Somerton
Johns Hall
Wakefield
Good Hope Plantation
Lottery
Sunderland
Wemyss
Gales Valley
Weston Favel
Friendship
Good Hope
Duanvale
Amity Hall
Spring Mount
Hastings
Deeside
Bunkers Hill
Sherwood Content
Stapelton
Spring Vale
Kensington
Dromilly
Point
TRELAWNY
Windsor Caves
Horeb
Maroon Town
Flagstuff
Flamstead
Garlands
THE COCKPIT COUNTRY
Spring
Mocho
736
Cockpit 748
Stonehenge
Niagara
Quick Step
Crown Lands
Troy
Accompong (Maroon Village)
Elderslie
Mulgrave
Marlborough
Auchtembeddie
Merrywood
Jointwood
Ginger Hill
Ipswich
Retirement
Ben Lomond
Thornton
Aberdeen
Oxford
Wallingford
Comfort Hall
Windsor
Raheen
Vauxhall
Black River
Balaclava
Green Hill
Maggotty
Siloah
Union
Redgate
Appleton
Y.S. Falls
White Hill
Maggotty Falls
Maggotty Falls
Nassau Mts.
Lilliput
St. Pauls
Y.S.
Y.S. River
Newton
Bogue
Medina
ELIZABETH
Elim
Lancaster
Johns Hall
White Hall
New Holland
Two Mile Wood
Middle Quarters
Bamboo Avenue
UPPER MORASS
Don Figuer
Lacovia
Baptist
Black River
Lacovia Tombstone
Smith River
Luana
French
Braes River
Wilton
Cashew
A 1
B 15
B 11
B 10
B 6

112
108

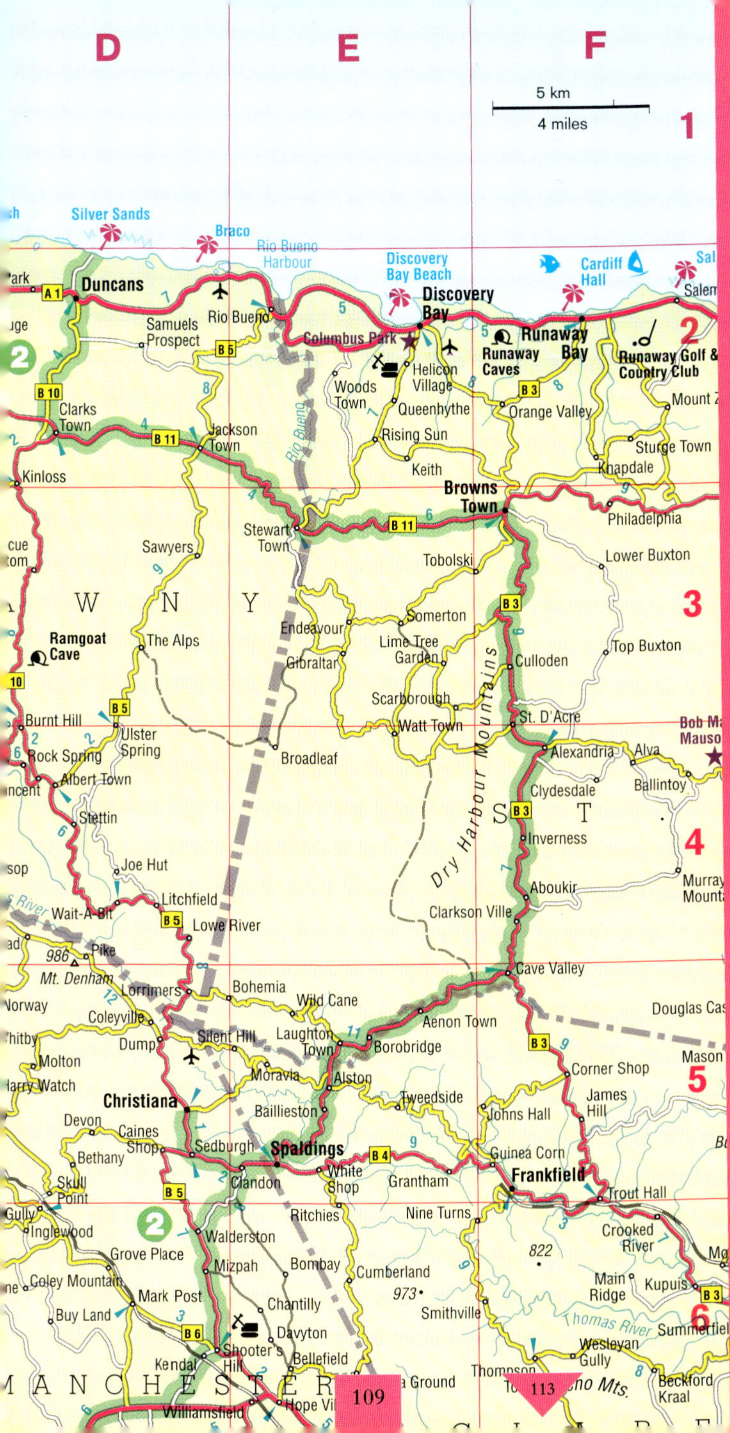

D
E
F
5 km
4 miles
1
2
3
4
5
6
Silver Sands
Braco
Rio Bueno Harbour
Discovery Bay Beach
Cardiff Hall
Salem
Duncans
Samuels Prospect
Rio Bueno
Columbus Park
Discovery Bay
Runaway Caves
Runaway Bay
Runaway Golf & Country Club
Helicon Village
Woods Town
Queenhythe
Orange Valley
Clarks Town
Jackson Town
Rio Bueno
Rising Sun
Keith
Sturge Town
Knapdale
Kinloss
Browns Town
Philadelphia
Stewart Town
Sawyers
Tobolski
Lower Buxton
W
N
Y
Ramgoat Cave
The Alps
Endeavour
Somerton
Lime Tree Garden
Gibraltar
Culloden
Top Buxton
Scarborough
Burnt Hill
Ulster Spring
Watt Town
St. D'Acre
Rock Spring
Broadleaf
Alexandria
Alva
Albert Town
Clydesdale
Ballintoy
Stettin
S
T
Inverness
Dry Harbour Mountains
Joe Hut
Aboukir
Litchfield
Wait-A-Bit
Lowe River
Clarkson Ville
986
Pike
Mt. Denham
Lorrimers
Bohemia
Cave Valley
Norway
Coleyville
Wild Cane
Aenon Town
Douglas Cas
Dump
Silent Hill
Laughton Town
Borobridge
Molton
Moravia
Alston
Corner Shop
Mason
Harry Watch
Christiana
Tweedside
James Hill
Baillieston
Johns Hall
Devon
Caines Shop
Bethany
Sedburgh
Spaldings
Guinea Corn
Skull Point
Clandon
White Shop
Grantham
Frankfield
Trout Hall
Gully
Ritchies
Nine Turns
Inglewood
Walderston
Crooked River
822
Grove Place
Mizpah
Bombay
Cumberland
Coley Mountain
Mark Post
Chantilly
973
Main Ridge
Kupuis
Buy Land
Smithville
Thomas River
Summerfield
Dayton
Shooter's Hill
Bellefield
Wesleyan Gully
Kendal
Thompson
Beckford Kraal
Williamsfield
Hope Vi
M A N C H E S T E R
A1
B10
B11
B5
B3
B4
B6

109
113

A
B
C
1
2
3
4
5
6
Salem
Salem
Laughlands
Chukka Cove
Alterry Beach
Roxborough Beach
Priory
Drax Hall Point
Mammee Bay
Dunns River Beach
Turtle Beach
Seville Nueva
St. Ann's Bay
St. of Marcus Garvey
Lewis
Mount Zion
Circle B. Farm
Drax Hall
Steer Town
Dunns River Falls
Ocho Rios
White River
Frankfort Hall
Harmony
Prospect Plantation Tour
Charles Town
Exchange
Harrison Town
Bonham Spring
Upton C.C.
Lodge
Fern Gully
Friendship Farm
Shaw Park Bot. Gardens
Parry Town
Governors Hill
586
Beecher Town
Lime Hall
Chalky Hill
Golden Spring
Davis Town
Epworth
Ewart Town
Canaan Hill
712
Bamboo
Forrest
Higgin Town
Ebenezer
Lumsden
Brittonville
Green Park
Salisbury
Cole Gate
Orange Hall
Steerfield
Orange Park
Hopewell
Claremont
Beechamville
Golden Grove
Goshen Pen
Walkers Wood
Rample
Albion
841
Bob Marley Mausoleum
Woodstock
Roadside
Phoenix Park
Friendship
797
Friendship
Cedar Valley
Nine Mile
Alderton
Pedro
A
N
N
Clapham
Rio Hoe Pen
Halifax
Elgin Town
Riverhead
Moneague
Grierfield
York Castle
Murray Mountain
Harmony Vale
Lincoln
Blackstonedge
Middle
Bensonton
Gibraltar
Faiths Pen
Schwallenburgh
Camperdown
Concord
Douglas Castle
Cedar Grove
Mount Diablo
Mullock
Devils
Mason River
Macknie
Pedro River
Mount Rosser
Bermaddy
Sandy River
Ewarton Works
Ewarton
Shooter
Kellits
Jericho
Bull Head
848
Brandon Hill
Pindars River
Worthy Park Great House
Orangefield
Linstead
Colonels Ridge
Arthur's Seat
Crofts Hill
Worthy Park
Lluidas Vale
Morgans Pass
Morgans
Lookout
Roaring River
Crawle River
Wakefield
Savoy
British
Rio Cobre
Duxes
Bog Walk
Danks
Oaks
Ginger Ridge
Juan de Bolas
Point Hill
Chapelton
Gordon Hill
Mendez Hill
Spring Vale
Rock River
Marlie Hill
Watermount
114
110
A 1
A 3
B 11
B 3

D
E
F
5 km
4 miles
1
2
3
4
5
6
Caribbean
Sea
Golden Head
Murdocks
Salt Gut
A 3
Firefly
Galina
Mango Valley
Boscobel Aerodrome
Oracabessa
Grants Town
Little Bay
Pagee
Jacks River
Fontabelle
Port Maria
B 13
Union Hill
Free Hill
Trinity
Salt Bay
Vanity Fair
Baileys Vale
Quebec
340
Brimmer Hall Plantation Tour
Sandside
Roadside
Dressikie
Llanrumney
Don Christophers Point
Lambkin Hill
Bonny Gate
Heywood Hall
Langley
Islington
Silver Spring
Hampstead
Lebanon
Nutfield
Robins Bay
White Hall
Pembroke Hall
Jackson
Tollock Castle
MARY
Donnington
Annotto Bay
Free Point
Martins
Albany
Water Valley
Sadland Wood
Harmony Hall
Montreal
565
Dean Pen
B 2
Iter Boreale
Carron Hall
Highgate
Belfield
Annotto Bay
Palmetto Grove
Grantham
Aqualta Vale
Windsor Castle
Woodside
River
Fort George
Springfield
Orange River
Clermont
Lewis Store
Chovey
Pear Tree Grove
Richmond
Top Hill
Flint River
Clonmel
Dry River
Sports Park
Aleppo
Broadgate
Jubilee Town
Rose Hill
Cuffy Gully
Flint River
Water
Camberwell
Long Road
Ham Walk
Rock River
Wag
Redwood
Rio Magno
Troja
Pencar River
Enfield
Platfield
Mount Regale
Devon Pen
Darling Spring
597
Brainerd
Leinster
Scotts Hall
Two Paths
Dover Castle
Harewood
Castleton
Castleton Botanical Gardens
Magno
Riversdale
Mount Telegraph
New Works
Hopewell
Border
Toms River
Silver
B 2
Brandon Hill
1275
Mount Charles
Glengoffe
Coakley
Coakley
Mount Horeb
Lucky Valley
Cassava River
Lawrence Tavern
Harkers Hall
West Prospect
Mount Airy
Knollis
Edward Piece
Tulloch
Zion Hill
Mount James
Rio Pedro
Temple Hall
Mt. Friendship
Above Rocks
A 3
1472
Sligeville
Golden Spring
Hollywell Park
Jackson
Montpelier
Parks Road
St. Christopher
Cavaliers
Bowden Hill
737
Freetown
Kensington
Stanberry Grove
Rock Hall
111
Swain Spring
115
Red Gal Ring
Woodford
Flat Bridge

A
B
C
108
Thornton
Aberdeen
Wallingford
Windsor
Raheen
Comfort Hall
Springfield
Vauxhall
Black River
Siloah
Balaclava
Four Paths
Redgate
Maggotty
Appleton
Union
B 6
Maggotty Falls
Nassau Mts.
Lilliput
St. Pauls
Y.S. Falls
White Hill
Magotty Falls
Y.S.
Y.S. River
Medina
Newton
Bogue
E L I Z A B E T H
Elim
Johns H
White Hall
New Holland
Lancaster
Two Mile Wood
Middle Quarters
Bamboo Avenue
UPPER MORASS
Don Figuer
Baptist
Black River
Lacovia
Lacovia Tombstone
Smith River
Luana
Frenchman
Braes River
Wilton
Cashew
Slipe
River
A 2
Santa Cruz
THE GREAT MORASS
Burnt Ground
Lovely Point
Goshen
Cataboo
Broad
Black River
Emmaus
Northampton
Burnt Savanna
Santa Cruz Mts.
Pepper
Leeds
Long Hill
Crane
Gutters
Fullerswood
Saltspring Junction
Park
Scholefield
Black River Bay
Pondside
Malvern 725
Mountainside
Malvern
Retirement
Myersville
Barbary Hall
Bideford
Mount Pleasant
Nain
Malvern Well
Hill Top
Torrington
Parottee Point
Williamsfield
Gazeland
Hermitage
Watchwell
Rose Hill
Cheapside
Morning-side
Starve Gut Bay
Newell
793
Junction
Merrimans Point
Pedro Cross
Ballards Valley
Top Hill
Treasure Beach
Tyrall
Southfield
Calabash Bay
Bull Savanna
Yardley Chase
Great Bay
Great Pedro Bay
Lover's Leap
Port Kaiser
Great Pedro Bluff
Caribb
1
2
3
4
5
6
5 km
4 miles

D
E
F
Molton
Harry Watch
Christiana
Devon
Caines Shop
Bethany
Skull Point
Inglewood
Grove Place
Coley Mountain
Buy Land
Mark Post
Moravia
Alston
Baillieston
Tweedside
Sedburgh
Spaldings
Clandon
White Shop
Grantham
Guinea Corn
Frankfield
Corner Shop
James Hill
Trout Hall
Crooked River
Nine Turns
Ritchies
Walderston
Mizpah
Bombay
Cumberland
973
822
Main Ridge
Kupuis
Chantilly
Dayton
Smithville
Thomas River
Wesleyan Gully
Shooter's Hill
Kendal
Bellefield
Banana Ground
Thompson Town
Mocho Mts.
Beckford Kraal
M A N C H E S T E R
C L A R
Williamsfield
Hope Village
Royal Flat
Clarks Town
Mount Prospect
Green Vale
Clifton
Mandeville
Comfort
Melrose Hill
Porus
Whitney Turn
Richmond Park
Mocho
Lincoln
Hatfield
Richmond
Milk River
Brixton Hill
Fairfield
Cedar Grove
Jones Depot
Spur Tree
Knockpatrick
Windhill
Clarendon Park
Rock
Marlborough
Old England
Harmons
Patrick Town
John Robinson
Toll Gate
Osborne Store
Logwood
Newport
Enfield
Ellen Street
Denbigh Agricultural Show Ground
Downs
Sea Air
Blenheim
845
Healthfield
Woodstock
Windsor Forest
Farm
St. Jago
Comfort Village
Rudds Corner
Lancaster
Retrieve
Rose Hill
Sixteen Mile
Hermitage
Asia
Spring Plain
Victoria Town
Gavel Hill
New Forrest
Broughton
Cross Keys
Rowes Corner
Rest Store
Warwick
Gully
Pusey Hill
Buckup
Smithfield
Rest
Pridess
Plowden
Alligator Pond
Cocoa Walk
Marley Hill
Gut River
Round Hill
352
Springfield
Alligator Hole River
Milk River Bath
Long Bay
Banks
Alligator Reef
B 5
B 6
B 4
A 2
B 12
109
1
2
3
4
5
6
e a n S e a

A
B
C
1
2
3
4
5
6
110
Mason River
Mackfie
Pedro River
Sandy River
Kellits
Mount Rosser
Ewarton
Ewarton Works
Jericho
Bull Head
848
Brandon Hill
Pindars River
Worthy Park Great House
Worthy Park
Orangefield
Linstead
Colonels Ridge
Arthur's Seat
Crofts Hill
Lluidas Vale
Morgans Pass
Morgans
Kupuis
Lookout
Crawle River
Roaring River
Wakefield
B 3
Savoy
British
Duxes
Summerfield
Danks
Oaks
Point Hill
Chapelton
Ginger Ridge
Juan de Bolas
836
Gordon Hill
Mendez Hill
Beckford Kraal
Low Ground
Rock River
Suttons
Connors
Marlie Hill
Watermount
Cudjoe Hill
E N D O N
Rio Minho
Brown's Hall
Eleven Mile
Bellas Gate
S
C
A
Teak Pen
Sheep Pen Hill
Woodhall
Macca Tree
Guanaboa
Brixton Hill
Pleasant Valley
Bartons
Content
Moores
Kitson
Birds Hill
Coleburns Gully
Byles
Sevens
Spring Garden
May Pen
Glenroy
Chandlers Pen
Bullet Tree
Four Paths
Spring Village
Agricultural Show Grounds
Palmers Cross
Colbeck
Race Course
Colbeck Castle
Rosewell
Tamarind Tree
Grove Farm
Content Village
York Pen
Curatoe Hill
Sandy Bay
Old Harbour
Church Pen
Bushy Park
Rhymesbury
Parnassus
Hunts Pen
Free People
Freetown
Old Harbour Bay
Cooks Gate
Bauxite Works
Bowens
Gimme-Me-Bit
Gravel Ground
B 12
Port Esquivel
Little Goat Island
Galleon Harbour
Cockpit
Hayes
Great Goat Island
Kemps Hill
Raymonds
Long Island
Cabarita Point
Race Course
Brazilletto
247
Salt River
Salt River Bay
Brokenbank
Dawkins Pen
Salt Island
Water Lane
Bog
Sandy Bay
Rocky Point
Longwood
Lionel Town
Peake Bay
Alley
Chesterfield
Mitchell Town
Dolphin Island
Pigeon Island
Portland Cottage
West Harbour
Rocky Point
Carlisle Bay
Mahoe Garden
Jackson Bay
Jackson Bay
Rocky Point
Portland Ridge
Portland Lighthouse
5 km
4 miles

D
E
F
111
Darling Spring
Dover Castle
Harewood
Brainerd
597
Leinster
Scotts
Castleton
Castleton Botanical Gardens
Mount Telegraph
1275
Riversdale
Magno
New Works
B 13
B 2
Hopewell
Border
Toms River
Brandon Hill
Mount Charles
Glengoffe
Coakley
Mount Horeb
Lucky Valley
Rio D'Oro
Cassava River
Lawrence Tavern
Harkers Hall
Mount Airy
West Prospect
A 1
Knollis
Tulloch
Edward Piece
Zion Hill
Temple Hall
Mount James
Mt. Friendship
A 3
Rio Pedro
Above Rocks
Sligeville
Jackson
Montpelier
737
Parks Road
St. Christopher
Cavaliers
Golden Spring
1472
Bowden Hill
Padmore
Swain Spring
Stony Hill
Giblatore
Kensington
Stanberry Grove
Rock Hall
Cooper's Hill
779
Mannings Hill
Red Gal Ring
Flat Bridge
Rio Cobre
Five Miles
Cypress Hall
Red Hills
CONSTANT SPRING
Jacks Hill
H E R I N E
S T. A N D
Caymana's Club
Ferry Inn
SIX MILES
PEMBROKE HALL
BARBICAN
Zoo
Angels
Waterloo Valley
KINGSTON
B 1
Thompson Pen
Arawak Museum
Gregory Park
A 1
HALFWAY TREE
NEW KINGSTON
Friendship
A 1
Chedwin Park
Central Village
Caymanas Park
THREE MILE
CROSSROADS
Long Mountain
Spanish Town
INDEPENDENT CITY
Hunts Bay
NEWPORT WEST
TRENCH TOWN
454
A 2
Portmore
CITY
A 4
BOURNMOUTH GARDENS
Windsor Park
Naggo Head
EDGEWATER
Fort Augusta
Braeton
Port Henderson
Fort Henderson
Fort Rocky
Kingston Harbour
Port Royal
Hartlands
218
Norman Manley International Airport
Hill Run
Salt Island Creek
Fort Clarence
Green Bay
Fort Charles
Lime Cay
The Palisadoes
240
South East Cay
Seafort
Great Salt Pond
Bush Reef
Hellshire Hills
Salt Island Lagoon
Hellshire Beach
South Cay
Two Sisters Cave
Hellshire Point
Wreck Point
Manatee Bay
Coquar Bay
Wreck Reef
1
2
3
4
5
6
Caribbean
Sea

A
B
C
Iter Boreale
Dover Point
Golden Grove
Windsor Castle
A 4
Epsom
Mt. Vernon
Vinery
468
Fort Stewart
Dry River
Buff Bay
Orange Bay
Orange Bay
Savanna Point
Craigmill
Long Road
Belvedere
Kildare
Spring Garden
Spanish R.
Crystal Springs
White Hall
Enfield
Hopewell
Black Hill
Hope Bay
Welsh Womans Point
St. Margaret´s Bay
Downers Bluff
Burlington
Rio Grande Rafting
Ceanwood
Tranquility
Rose Hill
Skibo
910
Cashew Ridge
Somerset Falls
Two Paths
1067
Buff Bay River
Bybrook
Chepstowe
New Eden
Industry
Mount Pleasant
Shotover
333
B 1
Belcarres
Bangor Ridge
Ythanside
Mt. Hermon
Paradise
Elysium
Swift River
Shrewsbury
Rock Hall
Darley
Silver Hill
Mullet Hall
Maidstone
Birnamwood
Manoe Plantation
Colthirst Run
Shirley Castle
Chelsea
Durham
Fruitful Vale
Berridale
Durham
Back Rio Grande
Spring Hill
Cedar Valley
P O R T L A
Swift River
Green Hill
1472
Silver Hill Coffee Factory
Sir Johns Peak
Holywell Park
Section
1930
High Peak
Stony River
Guava River
Historic Fort
1539
Silver Hill
2076
Cinchona Bot. Gard.
Woodford
Newcastle
St. Peters
Mossman's Peak
2044
Nanny Town Site
1350
Yallahs R.
Westphalia
Blue Mountain Peak
Redlight
Content Gap
2256
Irish Town
Industry Village
Gorden Town
Mavis Bank
THE BLUE MOUNTAINS
The Cooperage
Constitution Hill
Guava Ridge
Hagley Gap
PAPINE
Flamstead
Mahogany Vale
Ness Castle
Univ. of the West Indies
1265
Negro R.
Dallas
Dallas Mountain
Cedar Valley
Bethel Gap
West Arm
East Arm
Union Hill
1027
August Town
Lindos Gap
710
Cane R.
Mammee R.
S T
Somerset
Richmont Vale
Mt. Lebanus
Ramble
New Monklands
Rockfort
Bito
Trinity Ville
Harbour View
Newstead
1010
Mount Vernon
Serge Island
Gunboat Beach
Seven Mile
Palm Beach
Llandewey
Yallahs River
Coley
Copacabana
Bull Bay
Font Hill
Danvers Pen
Brooks Pen
Cable Hut
Eleven Mile
Cambridge Hill
Blue Mountain
Easington
Norris
Scotland Gate
Petersfield
Grants Pen
Heartease
Lloyds
Aeolus Valley
Yallahs Hill
730
Albion
Poor Mans Corner
Yallahs
Earth Satellite Station
Green Wall
Yallahs Point
The Salt Ponds
Pomfret
Flemarie
Bailey's Beach
1
2
3
4
5
6
5 km
4 miles

D
E
F
1
2
3
4
6
Caribbean Sea
Folly Point Lighthouse
Burnetts Point
Frenchman's Cove
San San Beach
Blue Hole
Zion Hill
Boston Beach
Dragon Bay
Antonio
Drapers
Fairy Hill
Nonsuch
Boston Bay
North East Point
Caves of Nonsuch
Sherwood Forest
Castle Mountain
335
Priestmans River
Fellowship
Islington
Fair Prospect
Booby North Point
Long Bay
Hartford
Windsor
Windsor Forest
Seamans Valley
Rural Hill
A 4
Sam Streete Maroon Mus.
JOHN CROW MOUNTAINS
Cornwall Barracks
Ginger House
532
Ecclesdown
Kensington
Comfort Castle
Millbank
1050
Drivers River
Reach
Manchioneal
Manchioneal Harbour
Innis Bay
Reach Falls
Muirton
Williamsfield
Happy Grove
Belle Castle
Hectors River
Macca Sucker
1335
1175
Four Feet
Haining
Hayfield
Bath Fountain (Mineral Bath)
Johnson Mountain
Rowlandsfield
Booby South Point
Mount Felix
White Hall
Beacon Hill
Spring Bank
Wheelerfield
312
Amity Hall
Quaw Hill
Holland Bay
Water Valley
Soho
Ginger Hall
Bath
Bachelors Hall
Hordley
Plantain Garden R.
Quaco Point
Sunning Hill
Middleton
Botanical Gardens
Stokes Hall
Golden Grove
Mammee Bay
Spring Garden
Wilmington
Pear Tree River
Duckenfield
THE GREAT MORASS
Arcadia
York
Hampton Court
Needham Pen
Airy Castle
Dalvey
Morant Point Lighthouse
Style Hut
Harbour Head
Phillipsfield
Barking Lodge
Morant River
Paul Bogle Statue
Johns Town
Church Corner
Port Morant
Rocky Point
Folly Bay
South East Point
Belfast
Leith Hall
Bowden
New Pera
Snook Point
Morant Bay
Lyssons
Old Pera
Prospect
Port Morant
Lyssons Providence Pen
Prospect & Retreat
Prospect Point

LEGENDE REISEATLAS

Motorway
Autobahn
Autoroute
Autostrada
Autopista

Highway
Fernverkehrsstraße
Grande route de transit
Strada di transito
Autovía

Important main road
Wichtige Hauptstraße
Route de comm. importante
Strada di interesse regionale
Carretera general importante

Main road
Hauptstraße
Route principale
Strada principale
Carretera principal

Secondary road
Nebenstraße
Route secondaire
Strada secondaria
Carretera secundaria

Carriage way, Path
Fahrweg, Pfad
Chemin carrosable, Sentier
Strada carrozzabile, Sentiero
Camino vecinal, Sendero

Beach, Hospital
Strand, Krankenhaus
Plage, Hôpital
Spiaggia, Ospedale
Playa, Hospital

Int. Airport, Airfield
Int. Flughafen, Flugplatz
Aéroport int., Aérodrome
Aeroporto int., Aerodromo
Aeropuerto int., Aeródromo

Museum, Information
Museum, Information
Musée, Informations
Museo, Informazione
Museo, Información

Lighthouse, Golf
Leuchtturm, Golf
Phare, Golf
Faro, Golf
Faro, Golf

Bauxite plants, Cave
Bauxitfelder, Höhle
Champs de bauxite, Grotte
Campos di bauxite, Grotta
Campos de bauxita, Cueva

Point of interest, Camping site
Sehenswürdigkeit, Campingplatz
Curiosité, Terrain de camping
Curiosità, Campeggio
Curiosidad, Camping

Wildlife park, Nature reserve
Wildgehege, Naturreservat
Parc à gibier, Réservé naturelle
Bandita di caccia, Parco naturale
Coto de caza, Reserva natural

Deap sea fishing, Shipwreck
Hochseefischen, Schiffswrack
Pêche de haute mer, Épave de bateau
Pesca d'alto mare, Relitto di nave
Pesca de altura, Barco naufragado

Watersking, Windsurfing
Wasserski, Windsurfen
Ski nautique, Planche à voile
Sci nautico, Surfing
Esquí náutico, Windsurf

Parasailing, Yachting
Paragleiten, Segelsport
Parasailing, Centre de voile
Parasailing, Sport velico
Parapente, Deporto de vela

KINGSTON
Capital city
Hauptstadt
Capitale
Capitale di stato
Capital de estado

May Pen
Parish capital
Hauptstadt der Kirchengemeinde
Capitale de paroisse
Capital de parrocchia
Capitale di parroquia

2
Distance in miles
Entfernung in Meilen
Distance en miles
Distanze in miles
Distancia en miles

County boundary, Parish boundary
Bezirksgrenze, Gemeindegrenze
Frontière de province, Front. de commune
Confine di provincia, Conf. di municipio
Frontera de provincia, Front. de municipio

KINGSTON	> 100.000
Spanish Town	50.000 - 100.000
May Pen	25.000 - 50.000
Port Antonio	10.000 - 25.000
Ocho Rios	2.000 - 10.000
Durham	< 2.000

5 km
4 miles

Im Register sind alle in diesem Führer erwähnten Orte, Sehenswürdigkeiten und Hotels verzeichnet. Halbfette Seitenzahlen verweisen auf den Haupteintrag, kursive auf ein Foto.

Orte und Sehenswürdigkeiten

Accompong 28, **71f.**
Alligator Hole River 83
Alligator Pond 81
Appleton Estate 72
Barnett Estates 34
Bamboo Avenue 68
Black River (Fluß) 69
Black River (Ort) 67f., **69f.**
Blue Mountain Nationalpark 14
Blue Mountains 7, *9*, 49, **57f.**
Bluefield Bay 67
Bob Marley Museum 52
Bob-Marley-Mausoleum 47
Bobby Cay (Insel) 74
Boston Bay 21, **64**
Brownstown 87
The Cage 34
Cockpit Country 32
Coyaba River Garden 40
Craigton Estate 86
Devon House 51
Downtown 51
Dunns River Falls *30*, **40**
Falmouth 38f.
Folly Estate 60
Good Hope Great House 38
Gordon Town 84
Hellshire 58
Holywell Recreation Park 85
Institute of Jamaica 17, **53**
Irie Beach 41
Kingston 8, 25, 29, **50ff.**, 84, 93
Kingston Parish Church 52
Küste von Port Antonio 63f.
Long Bay 64
Luana 70
Lucea 39
Manchioneal 64
Mandeville 68, **82**, 86
Mavis Bank Central Factory 85
Middle Quarters 73
Milk River Bath 82, *83*
Montego Bay 25, 29, **33f.**
National Gallery 53
Navy Island 60
Negril 67, **73ff.**
Nine Mile 28, **47**
Nonsuch Caves 65
Ocho Rios 25, 28, **39ff.**
Oracabessa 44
Papine 84
Pine Grove 85
Port Antonio 7, 29, **59ff.**
Port Royal 58
Reach Falls 64
Rick's Cafe 74f.
Rio Grande Rafting 65
Rose Hall Great House 34, *35*
Runaway Bay und Discovery Bay 45
Runaway Caves und Green Grotto Cave 45
Sangster's Rum Factory 85
Savanna-La-Mar 67
Sevilla Great House 45
Shaw Park Botanical Gardens 41
Spanish Town 58
St. Ann's Bay 32
Treasure Beach 68, **79ff.**
Valley Hikes (Rio Grande) 65
Ward Theatre 51, *52*, **57**
Y. S. Falls 72f.

Hotels

Allerdyce Inn (Kingston) 55
Ashton Great House (Black River) 70
Blue Harbour (Port Maria) 45
Blue Lagoon Villas (Port Antonio) 61
Blue Mountain Taverna (Mavis Bank) 57
Boscobel (Ocho) 44
Breezes (Runaway) 46
Club Caribbean (Runaway) 46
Coral Cay (Ocho) 42
Coral Seas Cliff Hotel (Negril) 76
Countrystyle (Mandeville) 82
Courthleigh (Kingston) 55
Coyaba (MoBay) 37
Dalcrue Villas (Ocho) 42
DeMontevin Lodge (Port Antonio) *48*, 61
Dragon Bay (Port Antonio) 62
El Greco (MoBay) 36
Fisherman's Inn (Falmouth) 39
Four Seasons (Kingston) 55
Franklin D. Resort (Runaway) 46
Golden Sand (Treasure Beach) 80
Grand Lido (Negril) 76
Hibiscus Lodge (Ocho) 43
Invercauld Great House & Hotel (Black River) 70
Ivor (Kingston) 56
Jake's (Treasure Beach) 81
Jamaica Heights (Port Antonio) 62
Jamaica Inn (Ocho) 43
Lethe Estate (MoBay) 37
Lighthouse Village (Negril) 76
Mandeville Hotel (Mandeville) 82
Milk River Bath Hotel (Milk River Bath) 83
Mockingbird Hill (Port Antonio) 62
Morgan's Harbour (Port Royal) 58
Negril Gardens (Negril) 77
Our Past Time Villas (Negril) 77
Pine Grove Guest House 85
Relax Resort (MoBay) 37
Rio Blanco (Ocho) 43
Round Hill Hotel & Villas (MoBay) 37
Runaway HEART Country Club (Runaway) 46
Sans Souci Lido (Ocho) 43
Shaw Park Beach Hotel (Ocho) 43
Strawberry Hill (Irish Town) *56*, **57**, 86
Sunset Resort Villas (Treasure Beach) 81
Swept Away (Negril) 77
Terra Nova (Kingston) 56
Treasure Beach Hotel (Treasure Beach) 81
Trident Villen & Hotel (Port Antonio) 62
Triff's Inn (Port Antonio) 62
Villa Bella (Christiana) **82**, 87
Waterloo Guest House (Black River) 70
West Palm Hotel (Lucea) 39
Wexford Court Hotel (MoBay) 37

Was bekomme ich für mein Geld?

US-Dollars erzielen auf Jamaika einen höheren Umtauschkurs als zum Beispiel Deutsche Mark. Die Reisekasse sollte deshalb mit US-amerikanischer Währung (US$), am besten in Reiseschecks, bestückt sein. Zur Zeit der Recherche (Juli '98) gab es für einen US-Dollar etwa 35 Jamaikanische Dollar (J$).

In stark touristischen Gegenden werden die Preise in US-Dollar angegeben. Auch werden Einkäufe per Kreditkarte immer in US-Dollar umgerechnet. Für kleinere Ausgaben und Besuche in lokalen Restaurants empfiehlt es sich, Jamaikanische Dollar mitzunehmen.

Eine individuelle Buchung von Hotels kann ein teurer Spaß sein. Meist sind Pauschalangebote der Reiseveranstalter günstiger. Eine Woche Halbpension in einem Mittelklassehotel kostet etwa 1850 Mark pro Person, eine Woche All-inclusive etwa 2500 Mark.

Ebenfalls nicht gerade preiswert sind die konzessionierten JUTA-Taxis. Eine Fahrt für bis zu vier Personen von Montego Bay nach Ocho Rios kostet etwa US$ 80, von Kingston nach Port Antonio US$ 120, im Umkreis von Montego Bay US$ 7 bis 15.

Mitbringsel wie Blue Mountain Coffee (227 g/8 oz) schlagen mit etwa J$ 580 zu Buche, 1 Flasche V/X Rum mit etwa J$ 320, der Liter Tia Maria mit etwa J$ 380. Ein Päckchen Zigaretten kostet im Supermarkt etwa J$ 55, eine Tube Zahnpasta ist für J$ 75 zu haben. Ein Fläschchen Aloe Vera gegen Sonnenbrand strapaziert die Börse mit etwa J$ 115, das vergessene Shampoo ist ab etwa J$ 70 zu haben. In einem Restaurant oder einem Strandlokal kostet ein Red-Stripe-Bier zwischen J$ 50 und 90.

Einen Leihwagen der kleinsten Klasse gibt's ab etwa US$ 49 pro Tag, ohne Steuer und Kaskoversicherung, in der Hauptsaison werden saftige Zuschläge verlangt, ein Motorrad oder Roller kostet zwischen US$ 25 und 40. Für den Liter Benzin werden ca. J$ 11,80 (leaded, verbleit) bzw. J$ 12,50 (unleaded, unverbleit) verlangt.

Bei Duty-free-Angeboten sollte man Vergleichspreise im Kopf haben. Lokale Spirituosen zum Beispiel kauft man besser im Supermarkt.